本书以浙江古籍出版社出版的《李渔全集》第十八卷为底本,并参考其他版本进行勘校。

笠翁对韵

最美的中国话 齐白石插画收藏版

[清] 李渔 著

齐白石 绘

读一本美丽的书，做一个有趣的人。

序言
这是最美的中国话

  在国学经典全民诵读的时代，以国学为主的中华传统文化越来越受到重视。而中华传统文化的根源是什么？是汉语。汉语之美，在简洁，在韵味，在方圆规矩之中的自如挥洒。而《笠翁对韵》，则是万千经典中最能突显汉语韵律之美的著作之一。

  《笠翁对韵》由明末清初著名的戏曲家李渔所作，因为作者自号"笠翁"，所以叫做《笠翁对韵》。这本书是从前人们学习写作近体诗、词，用来熟悉对仗、用韵、组织词语的启蒙读物。全书分为上下卷，按韵分编，包罗天文、地理、历史、典故、花木、鸟兽、人物、器物等众多意象。从单字对到双字对，三字对、五字对、七字对到十一字对，声韵协调，琅琅上口，读起来如唱歌般。较之其他全用三言、四言句式更见韵味。

  本书以浙江古籍出版社出版的《李渔全集》第十八卷为底本，并参考其他版本进行勘校。不仅对大量陌生的字词做了注音和注解，更重要的是详细介绍了300余个经典的古代典故，还配以92幅齐白石经典画作，并邀请电影《哈利·波特》中赫敏配音，国家级配音演员黄莺配乐朗诵，由上海电影译制厂制作专业音频。让你在阅读过程中，一来可以得到音律、词汇、修辞的提升，二来感受历史典故的熏陶，三来获得齐白石画作唯美的视觉体验，四来还能倾听最高配置的朗诵。兼顾听、读、看，可谓全方位的阅读盛宴，一举四得。

  我们相信，越是传统的，越是经典的，越是美的。

【下卷】

104・一 先
112・二 萧
118・三 肴
124・四 豪
130・五 歌
138・六 麻
146・七 阳
154・八 庚
160・九 青
164・十 蒸
168・十一 尤
174・十二 侵
178・十三 覃
182・十四 盐
190・十五 咸

目录

上卷

- 012 · 一 东
- 019 · 二 冬
- 024 · 三 江
- 028 · 四 支
- 036 · 五 微
- 042 · 六 鱼
- 048 · 七 虞
- 056 · 八 齐
- 063 · 九 佳
- 070 · 十 灰
- 076 · 十一 真
- 082 · 十二 文
- 088 · 十三 元
- 092 · 十四 寒
- 098 · 十五 删

上卷

扫码听《笠翁对韵》完整版
黄莺朗读

一 东

天对地,雨对风。大陆对长空。
山花对海树,赤日对苍穹。
雷隐隐,雾蒙蒙。日下对天中。
风高秋月白,雨霁晚霞红。
牛女二星河左右,参商两曜斗西东。
十月塞边,飒飒寒霜惊戍旅;
三冬江上,漫漫朔雪冷渔翁。

[注释]

◎**海树**:海边的树。(南齐)谢朓诗:"暖暖江村见,离离海树出。" ◎**牛女二星河左右**:"牛女二星"指牛郎、织女二星;"河"指银河。《古诗十九首》:"迢迢牵牛星,皎皎河汉女。"牛郎织女的爱情故事是中国著名的民间传说。传说织女是王母娘娘的女儿,下凡与牛郎结为夫妻,后王母派兵强行将这对恩爱夫妻拆散,王母还用金钗划了一道银河来阻止牛郎追赶织女。这个故事衍生出了中国传统节日七夕节(即农历七月初七)。 ◎**参商**:参和商是二十八星宿中的两宿。参宿在西方,商宿在东方,因而参商常用来比喻久别难逢。(唐)杜甫诗:"人生不相见,动如参与商。""参商"与"牛女"二星相对。 ◎**两曜(yào)**:古人把日、月、五星合称七曜,曜就是星。 ◎**戍旅**:镇守边塞的兵卒。 ◎**朔雪**:北方的雪。(宋)魏了翁词:"朔雪上征衣。春风送客归。"

[注释]

◎河对汉：河，黄河。汉，汉水。 ◎叆（ài）叇（dài）：形容浓云遮蔽太阳的样子。（宋）黄庭坚词："对朝云叆叇，暮雨霏微，乱峰相倚。" ◎曈（tóng）曚（méng）：日出时天色将明未明的样子。（唐）陈陶诗："展转城乌

河对汉，绿对红。雨伯对雷公。
烟楼对雪洞，月殿对天宫。
云叆叇，日曈曚。腊屐对渔篷。
过天星似箭，吐魄月如弓。
驿旅客逢梅子雨，池亭人挹藕花风。
茅店村前，皓月坠林鸡唱韵；
板桥路上，青霜锁道马行踪。

啼紫天，曈曚千骑衙楼前。"　◎**蜡屐（jī）**：古人穿的一种底下有齿的木鞋，以蜡涂抹其上，叫蜡屐。东晋谢灵运就有腊屐登山的典故，被称为"谢公屐"。（唐）李白诗："脚著谢公屐，身登青云梯。"　◎**过天星**：指流星。　◎**吐魄月**：指新月。　◎**梅子雨**：即梅雨、黄梅雨。（宋）贺铸词："一川烟草，满城风絮，梅子黄时雨。"　◎**池亭人挹藕花风**：挹（yì），酌酒。这句的意思是，荷花香气阵阵吹来，人们在亭台上饮酒。（元）王恽（yùn）诗："人立藕花风。"

山对海，华对嵩。四岳对三公。
宫花对禁柳，塞雁对江龙。
清暑殿，广寒宫。拾翠对题红。
庄周梦化蝶，吕望兆飞熊。
北牖当风停夏扇，南檐曝日省冬烘。
鹤舞楼头，玉笛弄残仙子月；
凤翔台上，紫箫吹断美人风。

[注释]

◎**四岳**：指东岳泰山、西岳华山、南岳衡山、北岳恒山。 ◎**三公**：古代天子以下最大的三个官员。又释为星名，即北斗旁的三颗星。 ◎**清暑殿**：相传三国时吴有避暑宫，夏日清凉不热，称为清暑殿。 ◎**广寒宫**：神话传说中月亮里的宫殿，名叫广寒清虚之府，也称广寒宫。 ◎**拾翠**：少女捡起绿色的叶子。（唐）杜甫诗："佳人拾翠春相问。" ◎**题红**：在红叶上面题诗。（宋）范成大词："缄素双鱼远，题红片叶秋。" ◎**庄周梦化蝶**：庄周即庄子，战国时道家学派代表人物。庄子梦见自己变成了蝴蝶，在梦中忘记了自己是人。醒来之后想，究竟是自己在梦中变成了蝴蝶，还是蝴蝶在梦中变成了人呢？ ◎**吕望兆飞熊**：吕望，即姜子牙，周朝著名政治家、军事家、谋略家，后人称其为姜太公。传说周文王有一夜梦见飞熊进帐，经人占卜，说是将得到贤人的吉兆。第二天出猎，果然遇到姜太公。 ◎**牖**（yǒu）：窗户。

[注释]

◎下晌（shǎng）：午后。 ◎高舂（chōng）：傍晚时分。舂，古代传说中日落的地方。 ◎螭带：螭（chī），古代传说中一种无角的龙。螭带，带钩上雕有螭纹的玉带。 ◎三元及第：封建科举考试，乡试第一称解（jiè）元，会试第一称会元，殿试第一称状元，连续考得三个第一，就是三元及第。 ◎禄万钟：指俸禄非常丰厚。钟是古代称粮的容积单位。 ◎花萼楼：唐代长安著名皇家建筑花萼相辉楼的简称。盛唐时代，花萼相辉楼曾是天子与万民同乐之处，

二 冬

晨对午，夏对冬。下晌对高春。青春对白昼，古柏对苍松。垂钓客，荷锄翁。仙鹤对神龙。凤冠珠闪烁，螭带玉玲珑。三元及第才千顷，一品当朝禄万钟。花萼楼间，仙李盘根调国脉；沉香亭畔，娇杨擅宠起边风。

有"天下第一名楼"的美誉。遗憾的是，后唐的战火将这座名楼摧毁殆尽，而后少有人知晓"天下第一名楼"何指。

◎**仙李盘根**：仙李指唐朝宗室。"仙李盘根大"是杜甫的一句诗。唐朝皇族姓李，杜甫用这句诗比喻皇族子孙繁衍，江山永固。　◎**沉香亭**：唐禁苑中的一座亭台。　◎**娇杨擅宠**：娇杨，指杨贵妃。唐明皇早年宠爱杨贵妃，日夜同她饮酒作乐，不理朝政。他曾命人在沉香亭旁遍植牡丹，花开时，同杨贵妃到亭上饮酒赏花。　◎**起边风**：掀起边疆风波，指唐中期的"安史之乱"。

清对淡,薄对浓。暮鼓对晨钟。
山茶对石菊,烟锁对云封。
金菡萏,玉芙蓉。绿绮对青锋。
早汤先宿酒,晚食继朝饔。
唐库金钱能化蝶,延津宝剑会成龙。
巫峡浪传,云雨荒唐神女庙;
岱宗遥望,儿孙罗列丈人峰。

[注释]

◎**菡(hàn)萏(dàn)**:与下文的"芙蓉"都是荷花的别名。 ◎**绿绮**:相传为西汉司马相如的琴,与"号钟""绕梁""焦尾"并称为四大名琴。后用来指代音色俱佳的古琴。(唐)李白诗:"蜀僧抱绿绮,西下峨眉峰。为我一挥手,如听万壑松。" ◎**青锋**:宝剑名。传说是三国时期蜀汉皇帝刘备的兵器。 ◎**饔(yōng)**:熟食。 ◎**唐库金钱能化蝶**:《杜阳杂编》里说:唐穆宗时,殿前种千叶牡丹,开放时香气袭人,穆宗夜宴,有无数黄白蝴蝶飞集花间,天明即飞去。人们张网捕捉,天明都变成了金玉,后来打开宝橱,发现皆为库中金银所化。 ◎**延津宝剑会成龙**:《晋书·张华传》记载,晋代雷焕任江西丰城县令时,挖地得到一对宝剑"龙泉""太阿",一把赠予朝中大臣张华,一把自佩。后来张华死了,他的剑也失踪了。雷焕逝世后,他的儿子佩戴另一把剑经过延平津,剑忽然从腰中跳出沉没水中,使人入水寻找,只见数丈长的两条龙。方知是两剑分而复合,在此化龙而去。 ◎**巫峡浪传,云雨荒唐神女庙**:传说楚国先王曾游高唐之观,梦中见一神女,神女临行时说她是巫山之女。楚王为神女立庙,号朝云庙。后人多以巫山神女故事歌咏爱情。 ◎**岱宗**:即泰山。 ◎**丈人峰**:山峰名。在泰山上,因形状像老人,所以称为丈人峰。

[注释]

◎慵(yōng)：困倦，懒。 ◎释伴：佛陀。 ◎五树大夫松：《史记》记载，秦始皇登泰山，在五棵松树下避雨，于是封

繁对简,叠对重。意懒对心慵。仙翁对释伴,道范对儒宗。花灼灼,草茸茸。浪蝶对狂蜂。数竿君子竹,五树大夫松。高皇灭项凭三杰,虞帝承尧殛四凶。内苑佳人,满地风光愁不尽;边关过客,连天烟草憾无穷。

这五棵树为"五大夫"。 ◎**高皇**:汉高祖刘邦。 ◎**项**:项羽。 ◎**三杰**:指张良、萧何、韩信。 ◎**虞帝承尧殛四凶**:传说,上古帝王唐尧年老把帝位让给虞舜,舜即位后,流放了四个坏人,即共工、骥(huān)兜、三苗和鲧(gǔn),就是四凶。殛(jí),杀死,或说放逐。

三江

奇对偶，只对双。大海对长江。金盘对玉盏，宝烛对银釭。朱漆槛，碧纱窗。舞调对歌腔。兴汉推马武，谏夏著龙逢。四收列国群王伏，三筑高城众敌降。跨凤登台，潇洒仙姬秦月玉；斩蛇当道，英雄天子汉刘邦。

[注释]

◎釭（gāng）：烛台。 ◎兴汉推马武：马武是汉光武帝刘秀的将军，为东汉王朝的兴盛立下了汗马功劳。 ◎谏夏著龙逢：龙逢（páng），即关龙逢，传说是夏桀王的大臣。他见夏桀无道，淫侈暴虐，曾强力谏争，结果被夏桀处死。 ◎四收列国群王伏：指北宋初大将曹彬，带兵伐灭了后蜀、南汉、南唐、北汉，帮助宋太祖统一了天下。 ◎三筑高城众敌降：初唐大将张仁愿，曾带兵与突厥族斗争，在塞外筑三座受降城，以防止北方来犯之敌。 ◎跨凤登台，潇洒仙姬秦月玉：相传春秋时秦穆公女儿弄玉在楼上吹箫，与丈夫萧史乘凤凰升仙而去。 ◎斩蛇当道，英雄天子汉刘邦：相传汉高祖刘邦起事前，酒醉夜行，遇到长蛇拦路，刘邦上前杀死长蛇。

颜对貌，像对庞。步辇对徒杠。停针对搁笔，意懒对心降。灯闪闪，月幢幢。揽辔对飞艎。柳堤驰骏马，花院吠村龙。酒晕微酡琼杏颊，香尘浅印玉莲跫。诗写丹枫，韩女幽怀流御水；泪弹斑竹，舜妃遗恨积湘江。

[注释]

◎徒杠（gāng）：徒是徒步行走的意思。徒杠，只可容人步行通过的木桥。 ◎降（xiáng）：安稳、平和。 ◎揽辔（pèi）：控制马匹的缰绳。（晋）刘琨诗："揽辔命徒侣，吟啸绝岩中。" ◎艎（huáng）：古时的一种木船。 ◎龙（máng）：长毛狗，或说杂色的狗。 ◎香尘浅印玉莲足跫（shuāng）：晋代石崇生活骄奢，令婢妾在香粉上行走，以试鞋底的大小。玉莲，比喻女人的脚。跫，脚。 ◎丹枫：红叶。 ◎泪弹斑竹，舜妃遗恨积湘江：古代神话传说，帝舜有两个

妃子娥皇和女英，居住在洞庭之山。舜帝南巡死在了苍梧之野，二妃终日啼哭，眼泪洒在竹子上，留下了点点泪斑，这就是今天的湘妃竹。

四支

泉对石，干对枝。吹竹对弹丝。
山亭对水榭，鹦鹉对鸬鹚。
五色笔，十香词。泼墨对传卮。
神奇韩干画，雄浑李陵诗。
几处花街新夺锦，有人香径淡凝脂。
万里烽烟，战士边头争保塞；
一犁膏雨，农夫村外尽乘时。

[注释]

◎鸬（lú）鹚（cí）：一种善于捕鱼的水鸟。 ◎五色笔：相传南朝梁江淹，年青时梦到晋代学者和诗人郭璞赠与他五色笔，于是才思大进，写了许多优秀诗文。晚年又梦郭璞讨回了五色笔，从此才情顿减，人称"江郎才尽"。后世以五色笔比喻文才。 ◎十香词：《十香词》是辽代佞臣耶律乙辛为了陷害正直的萧皇后而命人作的乱情诗，诬告说是萧皇后所作。辽道宗听信谗言，赐萧皇后自尽。 ◎传卮（zhī）：指多人一起喝酒。卮，古代的一种盛酒器。 ◎韩干：韩干是唐代著名画家，尤其擅长画马，他绘制的马雄骏健壮，时人称为独步。传说有一次韩干画的马因为太活灵活现，变成了真马。 ◎李陵：西汉名将李广之孙，曾率兵与匈奴十万骑决战，但因缺少援军，战败投降。其诗作以雄浑豪爽著称。 ◎夺锦：唐武则天驾临龙门，诏令群臣以"明堂火珠"为题作诗，赐锦袍给诗先成的人。东方虬的诗先成，刚拿到锦袍，宋之问亦成，但写得比东方虬好。武后命令夺东方虬锦袍赏给宋之问，这就叫夺锦。后用来称赞人文采出众。

菹对醢，赋对诗。点漆对描脂。

瑶簪对珠履，剑客对琴师。

沽酒价，买山赀。国色对仙姿。

晚霞明似锦，春雨细如丝。

柳绊长堤千万树，花横野寺两三枝。

紫盖黄旗，天象预占江左地；

青袍白马，童谣终应寿阳儿。

[注释]

◎菹（zū）：腌的菜。　◎醢（hǎi）：肉酱。　◎瑶簪：美玉制成的簪。　◎珠履：用珍珠装饰的鞋。　◎沽酒价：晋代诗人阮籍的侄子阮修常步行，以百钱挂杖头，至酒店便沽饮酣畅。　◎买山赀：晋僧人支道林，到深公那里去买邱山。深公曰："未闻巢、由（巢父、许由，尧时隐士）买山而隐。"后以"买山"喻贤士的归隐，亦用以形容人的才德之高。赀，钱。

◎**紫盖黄旗**：古代术士认为这是帝王符瑞。　◎**青袍白马，童谣终应寿阳儿**：相传南朝梁武帝时，先是在大同流传着一句童谣："青袍白马寿阳儿。"不久，寿阳的侯景发动叛乱，叛军都穿青袍骑白马，最终导致了梁国灭亡。

箴对赞,缶对卮。萤焰对蚕丝。

轻裾对长袖,瑞草对灵芝。

流涕策,断肠诗。喉舌对腰肢。

云中熊虎将,天上凤麟儿。

禹庙千年垂橘柚,尧阶三尺覆茅茨。

湘竹含烟,腰下轻纱笼玳瑁;

海棠经雨,脸边清泪湿胭脂。

[注释]

◎箴(zhēn):古代一种以规劝、告诫为内容的文体。 ◎赞:以颂扬、称美为主题的文体。 ◎轻裾:裾(jū),衣服的大襟。轻裾,形容人在走动或舞蹈时衣襟飘扬的样子。 ◎流涕策:古代大臣献给皇帝的意见书叫策。西汉贾谊在写给汉文帝的《治安策》中有"可为痛哭,可为流涕,可为长太息"之句,所以叫流涕策。 ◎断肠诗:宋代女诗人朱淑真,相传其对婚姻不满,故诗词多幽愤哀伤情调,后人辑有《断肠诗集》《断肠词集》传世。 ◎熊虎将:指西汉名将魏尚,相传他做云中守时,匈奴远避,不敢近边。 ◎禹庙千年垂橘柚:(唐)杜甫诗《禹庙》:"禹庙空寺里,秋风落日斜。荒庭垂橘柚,古屋画龙蛇。"这句话来自此诗。 ◎玳瑁:动物名,龟鳖目海龟科。其背甲呈黄褐色,有黑斑,光润美丽,可作装饰品。这里指用玳瑁做的装饰品。

争对让，望对思。野葛对山栀。
仙风对道骨，天造对人为。
专诸剑，博浪椎。经纬对干支。
位尊民物主，德重帝王师。
望切不妨人去远，心忙无奈马行迟。
金屋闭来，赋乞茂陵题柱笔；
玉楼成后，记须昌谷负囊词。

[注释]

◎**专诸剑**：专诸，古代勇士名。《左传》载，春秋时，吴公子光为夺取王位，收买专诸为刺客，把匕首藏在鱼腹中，借进献食品的机会刺死了吴王僚。 ◎**博浪椎（chuí）**：汉代的张良，年青时为了给被灭掉的韩国报仇，从仓海君那里请到一位大力士，携带六十公斤的大铁椎，在博浪沙地方狙击秦始皇，但没有击中。 ◎**金屋闭来，赋乞茂陵题柱笔**：相传汉武帝求娶陈阿娇时说过"若得阿娇，当以金屋贮之。"陈阿娇与汉武帝结婚后，颇得宠爱。但陈皇后嫉妒心很强，因自己未育而嫉妒卫夫人遭贬，独居长门宫，心情悲愤，就请了司马相如为她写一篇《长门赋》，抒写她的孤独寂寞之感和对武帝的思念。司马相如曾居住在茂陵，并曾在桥柱上题诗以得名，故称他的才思为茂陵题柱笔。 ◎**玉楼成后，记须昌谷负囊词**：昌谷，指唐诗人李贺，家乡濒临昌谷川，后人也称他李昌谷。相传李贺出行，常让小童背一锦囊，每得佳句，就记下投入囊中。后来梦到神人曰："上帝白玉楼成，命君作记。"不久诗人就死了。

五微

贤对圣,是对非。觉奥对参微。
鱼书对雁字,草舍对柴扉。
鸡晓唱,雉朝飞。红瘦对绿肥。
举杯邀月饮,骑马踏花归。
黄盖能成赤壁捷,陈平善解白登危。
太白书堂,瀑泉垂地三千尺;
孔明祠庙,老柏参天四十围。

[注释]

◎**觉奥、参微**：弄懂微小但深奥的道理。 ◎**鱼书**：指书信。 ◎**雁字**：苏武出使匈奴被拘留。汉王朝向匈奴讨还苏武,匈奴推说苏武已死。苏武的随行人员给汉使者出了个主意,让他对匈奴单于说,汉天子在上林苑射得一雁,雁脚上绑着苏武的信件,说明他在某某地方。匈奴只好放了苏武。由此后来书信也称雁书、雁字。 ◎**红瘦对绿肥**：形容雨后花朵凋零叶子却更加鲜绿的场景。（宋）李清照词："知否,知否？应是绿肥红瘦。" ◎**黄盖能成赤壁捷**：黄盖,三国时期吴国的大将。为了取信曹操,周瑜和黄盖使出了"苦肉计",诈降曹军,最终取得了赤壁之战的胜利。 ◎**陈平善解白登危**：陈平,西汉开国功臣之一。汉高祖刘邦讨伐反叛的韩王信,被匈奴困于白登,七天没有粮食,形势十分危急。据说最后靠陈平的奇计方才解围。 ◎**太白书堂,瀑泉垂地三千尺**：太白,指唐代诗人李白。（唐）李白诗："飞流直下三千尺,疑是银河落九天。"这句话来自此诗。 ◎**孔明祠庙,老柏参天四十围**：（唐）杜甫诗："孔明庙前有老柏,柯如青铜根如石。霜皮溜雨四十围,黛色参天二千尺。"这句话来自此诗。

戈对甲,幄对帏。荡荡对巍巍。
严滩对邵圃,靖菊对夷薇。
占鸿渐,采凤飞。虎榜对鸾旗。
心中罗锦绣,口内吐珠玑。
宽宏豁达高皇量,叱咤喑哑霸主威。
灭项兴刘,狡兔尽时走狗死;
连吴拒魏,貔貅屯处卧龙归。

［注释］

◎**严滩**：东汉隐士严子陵钓鱼处。　◎**邵圃**：秦代东陵侯邵平在秦亡后,回家种瓜务农的地方。　◎**靖菊**：指东晋诗人陶渊明所种之菊。陶渊明死后,谥号靖节先生,故称靖菊。　◎**夷薇**：商代末年,孤竹君的两个儿子伯夷和叔齐在周文王处养老。文王死后,武王起兵伐纣。伯夷和叔齐坚决反对,阻止不成,二人隐居首阳山,采薇（一种野菜）而食,发誓不吃周国的粮食,直至饿死。　◎**鸿渐、凤飞**：卦名,都有"嫁女吉利"之名。　◎**叱咤喑（yīn）哑（yā）霸主威**：叱咤、喑哑,都是形容人发怒的声音。楚霸王豪气盖世,所以说霸王威。　◎**貔（pí）貅（xiū）**：传说中的一种猛兽,似熊。这里借指勇猛的将士。　◎**卧龙**：比喻隐居而未显达的旷世奇才。诸葛亮曾被称为卧龙先生。

衰对盛，密对稀。祭服对朝衣。

鸡窗对雁塔，秋榜对春闱。

乌衣巷，燕子矶。久别对初归。

天姿真窈窕，圣德实光辉。

蟠桃绛阙来金母，岭荔红尘进玉妃。

灞上军营，亚父愤心撞玉斗；

长安酒市，谪仙狂兴典银龟。

[注释]

◎鸡窗：传说晋代兖州刺史宋处宗有一只极为宠爱的长鸣鸡，一直放在自己的书斋窗户边。后来有一天鸡忽然开始说人话，并与处宗终日交谈、交流学问，使处宗学问大进。后鸡窗用于代指书房。（唐）罗隐诗："鸡窗夜静开书卷，鱼槛春深展钓丝。" ◎雁塔：比喻科举金榜题名。唐朝新科进士在皇帝设宴后，须前往洛阳慈恩寺雁塔题名。 ◎乌衣巷：地名，位于今南京市东南。东晋时王导、谢安等贵族多居于此，故世称王谢子弟为乌衣郎。（唐）刘禹锡诗："朱雀桥边野草花，乌衣巷口夕阳斜。旧时王谢堂前燕，飞入寻常百姓家。" ◎蟠桃绛阙来金母：传说神人西王母来见汉武帝，拿出五个桃子，送给武帝两个。 ◎岭荔红尘进玉妃：史载唐代杨贵妃喜食荔枝，玄宗命人自岭南限七日快马送至长安。（唐）杜牧诗："一骑红尘妃子笑，无人知是荔枝来。" ◎灞上军营，亚父愤心撞玉斗：出自鸿门宴的典故。项羽宴请刘邦，项羽的谋士范增几次示意杀害刘邦都没有成功。刘邦走后，范增把刘邦赠送的玉斗摔在地上，用剑击破，曰："竖子不足与谋也。"发泄他对项羽的不满。这就是有名的鸿门宴。亚父，即范增。 ◎长安酒市，谪（zhé）仙狂兴典银龟：谪仙，指唐代大诗人李白。传说李白在长安时，曾用身上佩戴的银龟换酒喝。用以表示诗人们的轻视富贵、狂放不羁。

六鱼

羹对饭,柳对榆。短袖对长裾。
鸡冠对凤尾,芍药对芙蕖。
周有若,汉相如。王屋对匡庐。
月明山寺远,风细水亭虚。
壮士腰间三尺剑,男儿腹内五车书。
疏影暗香,和靖孤山梅蕊放;
轻阴清昼,渊明旧宅柳条舒。

[注释]

◎**芙(fú)蕖(qú)**:荷花的别称。 ◎**有若**:孔子弟子,据说相貌与孔子相似,他是东周人,故称周有若。 ◎**汉相如**:西汉司马相如,当时著名的辞赋家。 ◎**王屋**:山名,在今山西、河南之间。 ◎**匡庐**:指庐山。 ◎**壮士腰间三尺剑**:史称汉高祖刘邦手提三尺剑起兵,因而后人常把三尺剑作为有志男儿的象征。(唐)杜甫诗:"风尘三尺剑,社稷一戎衣。" ◎**男儿腹内五车书**:相传战国时学者惠施很有学问,"其书五车",后来用以形容人的学识渊博。今有成语"学富五车"。 ◎**疏影暗香,和靖孤山梅蕊放**:和靖,指林逋,北宋钱塘人。性恬淡好古,擅长行书,好作诗,隐居西湖孤山,终身不仕,不娶,以植梅养鹤为乐,世称梅妻鹤子。他写的《梅花》诗有"疏影横斜水清浅,暗香浮动月黄昏"的句子,一向为人称道。

吾对汝，尔对余。选授对升除。耒耜对耰锄。参虽鲁，回不愚。阀阅对闾阎。诸侯千乘国，命妇七香车。穿云采药闻仙犬，踏雪寻梅策蹇驴。玉兔金乌，二气精灵为日月；洛龟河马，五行生克在《图》《书》。

[注释]

◎选授：指科举考试选拔授官。 ◎升除：即升迁就任新的官职。 ◎耒（lěi）耜（sì）、耰（yōu）锄：都是古代的农具。 ◎参：曾参，孔子的弟子。 ◎回：颜回，也是孔子弟子。 ◎阀阅：阀阅，古代官吏们的功劳、阅历。代指有功勋的世家。 ◎闾阎（lú）：里巷内外的门，借指平民百姓。 ◎命妇七香车：命妇，封建朝廷授予封号的妇女。七香车，用多种香料涂抹的极为华贵的车。（唐）卢照邻诗："长安大道连狭斜，青牛白马七香车。" ◎穿云采药：《幽明录》载，东汉时刘晨、阮肇，入天台山采药迷路，遇两仙女。 ◎踏雪寻梅策蹇（jiǎn）驴：蹇驴，瘸驴。相传唐代诗人孟浩然曾骑蹇驴于灞上踏雪寻梅，抒其幽兴。 ◎玉兔金乌：古代神话，说月中有玉兔捣药，日中有三只脚的乌鸦，因以玉兔代月，以金乌代日。 ◎洛龟河马：古代神话传说，夏禹治水时，有一只神龟从洛水出现，夏禹根据龟背上状如文字的裂纹（即《洛书》）治水成功。伏羲时，有一只龙马从黄河中出现，马背上有九组不同点数组成的图画，被人称作龙图（即《河图》），伏羲根据龙图画成了八卦。

欹对正，密对疏。囊橐对苞苴。罗浮对壶峤，水曲对山纡。骖鹤驾，侍鸾舆。桀溺对长沮。搏虎卞庄子，当熊冯婕妤。南阳高士吟《梁父》，西蜀才人赋《子虚》。三径风光，白石黄花供杖履；五湖烟景，青山绿水在樵渔。

[注释]

◎欹（qī）：倾斜。　◎囊橐（tuó）：盛物的袋子。大的称囊，小的称橐。　◎苞苴（jū）：包裹物品的草包。
◎罗浮、壶峤（jiào）：都是山名。　◎山纡（yū）：山坳。纡，弯曲，绕弯。　◎骖（cān）：驾驶。　◎鹤驾、鸾舆：都是宗教传说中仙人所乘的车乘，由鹤和鸾凤驾着在空中飞行。　◎桀（jié）溺对长沮（jǔ）：桀溺和长沮都是春秋时隐士。《论语》上说，孔子周游到楚国，迷了路，让子路去问路，遇到了两个耕田人，一个叫桀溺，一个叫长沮。两人向子路表达了消极避世的思想。　◎搏虎卞庄子：卞庄子，春秋时名勇士。传说他一次刺死两只虎，故有搏双虎之名。
◎当熊冯婕（jié）妤（yú）：汉元帝时，妃子冯婕妤在熊突然出现时挡在了汉元帝前，因此为汉元帝所重，立为昭仪。
◎南阳高士：指诸葛亮，他原来隐居南阳，并且特别喜欢唱一首叫《梁父吟》的诗。（唐）杜甫诗："可怜后主还祠庙，日暮聊为梁父吟。"　◎《子虚》：赋的篇名，汉代司马相如所作。　◎杖履：手杖和鞋子。古代常用来作为敬老的词语。

七虞

红对白,有对无。布谷对提壶。
毛锥对羽扇,天阙对皇都。
谢蝴蝶,郑鹧鸪。蹈海对归湖。
花肥春雨润,竹瘦晚风疏。
麦饭豆糜终创汉,莼羹鲈脍竟归吴。
琴调轻弹,杨柳月中潜去听;
酒旗斜挂,杏花村里共来沽。

[注释]

◎**提壶**:鸟名。(唐)刘禹锡诗:"池看蝌蚪成文字,鸟听提壶忆献酬。" ◎**毛锥**:即毛笔。 ◎**谢蝴蝶**:宋代诗人谢逸好作蝴蝶诗,人称为谢蝴蝶。 ◎**郑鹧鸪**:唐代诗人郑谷最擅长写鹧鸪诗,有"雨昏青草湖边过,花落黄陵庙里啼"一联,诗家许为最得神韵,所以被称为郑鹧鸪。 ◎**麦饭豆糜终创汉**:麦饭豆糜,指粗劣的饭食。汉光武帝刘秀初起兵,仅靠粗劣的饭食度过难关,终于创立了东汉王朝。 ◎**莼(chún)羹鲈(lú)脍(kuài)竟归吴**:莼羹,一种用野菜煮成的汤。鲈脍,鲈鱼切成的丝。晋时张翰,由于厌倦官场生活,见秋风起,思念起故乡的莼羹、鲈鱼脍,就说:"人生追求的就是称心如意,为什么我要远离家乡做官呢?"当即弃官而去。吴,张翰的家乡。

罗对绮,茗对蔬。柏秀对松枯。中元对上巳,返璧对还珠。云梦泽,洞庭湖。玉烛对冰壶。苍头犀角带,绿鬓象牙梳。松阴白鹤声相应,竹户半开,对牖未知人在否?柴关深闭,停车还有客来无?

[注释]

◎茗:茶。◎中元:中元节,农历七月十五日。◎上巳:古代的一个节日,农历三月初三。◎返璧:取还璧归赵的典故。战国时,赵国有和氏璧,秦王托言以十五城易之,实际是强行索取。赵使蔺相如奉璧入秦,巧计使原璧归赵。◎还珠:相传古代合浦郡不产谷物,只有海中盛产珍珠,许多太守到任后尽力搜刮,宝珠竟然迁往他处。后孟尝君为合浦太守,清廉自奉,宝珠又回来了。◎苍头:花白的头发。◎绿鬓:乌黑的鬓发。◎镜里青鸾影不孤:唐代诗人骆宾王得到一只鸾鸟,多年也不鸣叫。他的夫人说:"听人说鸾鸟找到同类才会鸣叫,何不让它照镜子试一试。"鸾鸟发现镜子里的影像,以为见到了同类,果然高声悲鸣。

宾对主，婢对奴。宝鸭对金凫。升堂对入室，鼓瑟对投壶。觇合璧，颂联珠。提瓮对当垆。仰高红日近，望远白云孤。歆向秘书窥二酉，机云芳誉动三吴。祖饯三杯，老去常斟花下酒；荒田五亩，归来独荷月中锄。

[注释]

◎凫（fú）：野鸭。 ◎升堂对入室：古代居室建筑，室外有堂。一次孔子评价他的弟子子路，说："由也，升堂矣，未入室也。"意思是他已经有了一定的造诣，但还不够理想。 ◎投壶：古代宴会时的一种游戏。 ◎觇（chān）合璧：观测日月同升的天象。觇，观测。 ◎联珠：即五星联珠，古时认为日月合璧、五星联珠，是太平的征兆。 ◎提瓮（wèng）：汉人鲍宣的妻子桓少君喜欢打扮，鲍宣说："这和我们的家境很不相称。"于是少君脱去多余的服饰，著布衣，常提瓮出汲，并修妇道焉。 ◎当垆：卖酒。指汉诗人司马相如和卓文君私自结婚，无以谋生，就亲自卖酒。 ◎歆（xīn）

向秘书窥二酉（yǒu）：刘歆、刘向父子，都是西汉末年著名的学者，曾经多年整理皇家图书，对先秦典籍的整理、流传起了很大作用。二酉，即大、小酉山，在湖南沅陵县西北。古代传说，秦时曾有人在此读书，留书千卷于山中。窥二酉，就是读了许多藏书的意思。 ◎**机云芳誉动三吴**：陆机、陆云兄弟，都是西晋初年著名的文学家。吴亡后，二人来到洛阳，受到晋太常张华的器重，之后声名大噪，时人称他们为"二陆"。三吴是二陆的家乡。 ◎**祖饯**：设宴饯别出行的人。

君对父，魏对吴。北岳对西湖。菜蔬对茶荈，苣藤对菖蒲。梅花数，竹叶符。廷议对山呼。《两都》班固赋，《八阵》孔明图。田庆紫荆堂下茂，王裒青柏墓前枯。出塞中郎，羝有乳时归汉室；质秦太子，马生角日返燕都。

[注释]

◎荈（chuǎn）：晚采的茶，老茶叶。 ◎苣藤：芝麻。 ◎菖蒲（pú）：植物名。 ◎山呼：《汉书》载，汉武帝登中岳嵩山，曾听到群山多次呼喊"万岁"。后用山呼作为臣民祝颂皇帝之辞。 ◎田庆紫荆堂下茂：传说汉代时，京兆田真、田庆、田广三兄弟商议分家，第二天院子里的紫荆树就突然枯萎了，兄弟大惊，决定不再分家，紫荆树又活了。 ◎王裒（póu）青柏墓前枯：传说晋代王裒的父亲因直言被杀，王裒十分悲痛，到父亲的坟前痛哭，坟边的青柏忽然就枯死了。 ◎羝（dī）有乳时归汉室：汉时苏武被匈奴扣押做了人质，称要等公羊产奶的时候才让苏武回汉朝。羝，公羊。 ◎马生角日返燕都：据《燕丹子》载，战国末年，燕太子丹为质于秦，秦王说："除非马生出角来才能让燕太子回国。"太子悲痛哭泣不已，后来果然有只马生出了角，秦王只好放了太子。

八齐

鸾对凤,犬对鸡。塞北对关西。
长生对益智,老幼对旄倪。
颁竹策,剪桐圭。剥枣对蒸梨。
绵腰如弱柳,嫩手似柔荑。
狡兔能穿三穴隐,鹪鹩权借一枝栖。
甪里先生,策杖垂绅扶少主;
於陵仲子,辟纑织履赖贤妻。

[注释]

◎**旄(mào)倪(ní)**:老人和小孩。旄,通"耄",老人;倪,小儿。 ◎**颁竹策**:皇帝给诸侯、王颁发的委任状,以竹制成。 ◎**剪桐圭**:圭,古代帝王诸侯举行礼仪时所用的玉器,上尖下方,代表官阶。相传周成王同他的小弟弟叔虞开玩笑,用桐叶剪成圭形,赠给他说,封你为侯。大臣进来贺喜,成王说,这是开玩笑的。大臣说,天子无戏言。最后只好封叔虞为唐侯。 ◎**柔荑(tí)**:比喻女子的手细白柔美。 ◎**狡兔能穿三穴隐**:战国时,齐公子孟尝君出谋划策,谋求安稳的地位,说,狡兔有三窟,国君也应当如此。意思是多方采取措施,寻找几条出路。◎**鹪(jiāo)鹩(liáo)权借一枝栖**:鹪鹩,一种体型很小的鸟,又名'巧妇鸟'。《庄子》说:"鹪鹩栖树,不过一枝。"意思是容易满足。 ◎**甪(lù)里先生**:汉初著名的隐士,"商山四皓"之一。汉初商山有四个隐士,名东园公、绮里季、夏黄公、甪里先生,因为年老须发皆白,所以称为"四皓"。 ◎**策杖垂绅扶少主**:手里拄着拐杖,腰间垂着带子,帮扶年轻的太子汉惠帝。相传高祖刘邦没有聘请四皓出来,后高祖立吕后之子惠帝为太子,吕后就请四皓辅佐太子。◎**於(yú)陵仲子,辟(lú)织纑履赖贤妻**:於陵仲子,即陈仲子,战国时齐国的隐士。辟纑,剥麻,将麻搓成线。 这句话是说楚王想让陈仲子做官,陈仲子不愿意,与妻子逃走,以织布编鞋为生。

鸣对吠，泛对栖。燕语对莺啼。珊瑚对玛瑙，琥珀对玻璃。绛县老，伯州犁。测蠡对燃犀。榆槐堪作荫，桃李自成蹊。投巫救女西门豹，赁浣逢妻百里奚。阙里门墙，陋巷规模原不陋；隋堤基址，迷楼踪迹亦全迷。

[注释]

◎**泛**：漂流。 ◎**绛（jiàng）县老**：春秋时晋国绛县的一位老人，形容高寿的老人。 ◎**测蠡（lí）**：蠡，贝壳做的瓢。用瓢测量大海的水，比喻见识短浅，自不量力。 ◎**燃犀**：点燃犀角照明，比喻看得分明。相传燃烧犀角可以照妖，晋代温峤路过渚矶，人们说水下有怪物，温峤用点燃的犀角照之，果然见到许多奇形异状的精灵。 ◎**投巫救女西门豹**：《史记》记载，战国魏文侯时，邺地的乡绅与女巫勾结，借口河伯要娶妻，每年从民户强选少女，投入河中，愚弄人民并且诈骗钱财。西门豹做了邺地县令之后，在河伯娶妻时，借口河伯嫌女子不美，要乡绅和女巫去跟河伯商量，便把他们投入河中。从此制止了残害人民的恶行。 ◎**赁（lìn）浣（huàn）逢妻百里奚**：赁，雇用。浣，洗。春秋时百里奚做了秦相，雇了一个洗衣服的妇人，妇人唱起百里奚的经历，百里奚一问之下才发现，这个妇人正是自己抛弃在家乡的妻子。 ◎**阙里**：孔子居住的里巷名。 ◎**陋巷规模原不陋**：意思是，只要有德者居住，陋巷也不简陋。 ◎**隋堤基址，迷楼踪迹亦全迷**：隋堤、迷楼，都是隋炀帝所建，用以寻欢作乐的地方。两句的意思是：隋堤也好，迷宫也罢，都成了历史的残迹，当年的迷宫如今真的迷漫荒草中了。

燕对赵，楚对齐。柳岸对桃蹊。
纱窗对绣户，画阁对香闺。
修月斧，上天梯。蟏蛛对虹霓。
行乐游春圃，工谀病夏畦。
李广不封空射虎，魏明得立为存麑。
按辔徐行，细柳功成劳主敬；
闻声稍卧，临泾名震止儿啼。

[注释]

◎**修月斧**：修月之斧。神话传说月由七宝合成，常有二万八千户手持斧子修之。 ◎**蟏（dì）蛛（dōng）**：即彩虹的古名。 ◎**工谀病夏畦（qí）**：《孟子》引曾参的话说："胁肩谄笑，病于夏畦。"意思是，耸起肩膀向人故作笑脸，比夏天治田埂还要难受。工谀，善于奉承。夏畦，夏天在田间劳作。 ◎**李广不封空射虎**：西汉名将李广有一次去打猎，见草丛有动静，以为是老虎，于是张弓射箭。后来发现草中竟是一块石头，而箭居然没入了石中，大家都很惊奇。之后再射，却无论如何都不能射进石头了。李广一生战功赫赫，却始终没被封侯。 ◎**魏明得立为存麑（ní）**：魏明帝小时候跟随魏文帝打猎，看到一对母子鹿。文帝射杀了母鹿，让明帝射小鹿，明帝说："已伤其母，不忍更伤其子。"同时流下了眼泪。文帝大受感动，决定立明帝为太子。麑，小鹿。 ◎**按辔徐行，细柳功成劳主敬**：西汉文帝时，匈奴入侵，周亚夫为将军，屯兵细柳。文帝亲自慰劳军队，先至灞上、棘门两处劳军。后至细柳营，细柳营军门严闭，军人都剑拔弩张。皇帝的先驱到，也不许入营门，先驱说："天子到了。"守营门的军官说："将军下令说，军队里只听将军的命令，不听天子的命令。"最后天子亲自给周亚夫下令，才开了营门，而皇帝勒着马笼头，规规矩矩地走进了军营。后世因此传为治军有方的佳话。◎**临泾名震止儿啼**：据说赤砠守原州时，强盗都不敢过临泾。人们用他的名字吓唬哭泣的小孩。

九 佳

门对户，陌对街。枝叶对根荄。
斗鸡对挥麈，凤髻对鸾钗。
登楚岫，渡秦淮。子犯对夫差。
石鼎龙头缩，银筝雁翅排。
百年诗礼延余庆，万里风云入壮怀。
莫辨名伦，死矣野哉悲季路；
不由径窦，生乎愚也有高柴。

[注释]

◎**荄（gāi）**：草根。　◎**挥麈（zhǔ）**：麈，古书上指鹿一类的动物，尾巴可以做拂尘。晋代的人们清谈的时候，往往持麈以助兴，以示高雅。　◎**岫（xiù）**：即山。（晋）陶渊明："云无心以出岫，鸟倦飞而知还。"　◎**子犯**：名狐偃，字子犯，春秋晋国大臣，晋文公重耳的舅父。　◎**夫差**：春秋时吴国国君。　◎**季路**：姓仲名由，字子路，与下文的"高柴"都是孔子的弟子，都死于卫国的动乱。
◎**径窦**：门道。高柴在卫国遭到迫害，既不走小路，也不走孔道，最终被害死。形容不懂变通。

冠对履,袜对鞋。海角对天涯。
鸡人对虎旅,六市对三街。
陈俎豆,戏堆埋。皎皎对皑皑。
贤相聚东阁,良朋集小斋。
梦里山川书《越绝》,枕边风月记《齐谐》。
三径萧疏,彭泽高风怡五柳;
六朝华贵,琅琊佳气种三槐。

[注释]

◎**鸡人**:相传西周宫廷内有鸡人之官,负责报时。(唐)李商隐诗:"空闻虎旅传宵柝,无复鸡人报晓筹。" ◎**虎旅**:英勇的军队。 ◎**陈俎(zǔ)豆,戏堆埋**:都是孟轲的故事。据《列女传》记载,孟子小的时候,家近墓地,孟子模仿大人埋坟。后来搬家到市集旁,又习贸易事。直到搬到学校附近,才开始学习礼让修俎豆。这就是孟母三迁的故事。俎豆,古时祭神或饮食用的器皿。 ◎**贤相聚东阁**:汉代公孙宏出身清寒,做了宰相后,开东阁廷揽才士,供给才士们衣食,自己的俸禄却很少。 ◎**《越绝》**:即《越绝书》,历史小说,东汉袁康撰。记录了春秋战国时期吴越两国的史实,以及伍子胥、范蠡等人的活动。此书被誉为"地方志鼻祖"。 ◎**《齐谐》**:即《齐谐记》,《庄子》里提到的一部古老的书，记载民间的神话传说和奇闻异事，久已失传。六朝时吴均有《续齐谐记》。　◎**三径萧疏，彭泽高风怡五柳**：陶渊明曾为彭泽令，三径种菊，门前有五柳，号五柳先生。彭泽高风即指陶渊明的高尚风度。　◎**六朝华贵，琅琊佳气种三槐**：宋王旦父亲王祐家居琅琊，曾亲手在庭院中种植三棵槐树，说："吾之后世必有为三公者。"故王氏称"三槐堂"。后来王氏世为公卿，盛于江左。

勤对俭，巧对乖。水榭对山斋。
冰桃对雪藕，漏箭对更牌。
寒翠袖，贵金钗。慷慨对诙谐。
竹径风声籁，花溪月影筛。
携囊佳韵随时贮，荷锄沉酣到处埋。
江海孤踪，云浪风涛惊旅梦；
乡关万里，烟峦云树切归怀。

[注释]

◎**冰桃对雪藕**：旧传仙人西王母多次降临人间，给汉武帝带来玉橘、冰桃、雪藕。 ◎**漏箭**：漏是古时一种计时器，以器贮水，随着水的流出，水面下降，指针指出时刻。漏箭即指针。 ◎**寒翠袖**：杜甫《佳人》诗，描写一个被丈夫遗弃独居山谷中的贵妇人，最后二句是："天寒翠袖薄，日暮倚修竹。" ◎**籁**(lài)：指自然界的声音。 ◎**筛**：洒、落。 ◎**携囊佳韵随时贮**：唐诗人李贺出行时会带一个袋子，每得佳句，随时放入囊中。 ◎**荷锄沉酣到处埋**：刘伶是魏晋时期的名士，为"竹林七贤"之一，嗜好饮酒，出行时经常携一壶酒，叫人提着锄头跟在身后，说："如果我醉死了，就地把我埋了就是。" ◎**江海孤踪，云浪风涛惊旅梦**：这句是说南宋女词人李清照。她遭到宋室南迁的动乱，而后她丈夫又死掉，晚年生活十分凄苦。在一首《渔家傲》中，她写有"天接云涛连晓雾""我报路长嗟日暮"等诗句。

杞对梓，桧对楷。水泊对山崖。
舞裙对歌袖，玉陛对瑶阶。
风入袂，月盈怀。虎兕对狼豺。
马融堂上帐，羊侃水中斋。
北面黉宫宜拾芥，东巡岱峙定燔柴。
锦缆春江，横笛洞箫通碧落；
华灯夜月，遗簪堕翠遍香街。

[注释]

◎杞（qǐ）：与梓（zǐ）、桧（guì）、楷（kǎi）都是名贵树木，这里比喻人才。　◎陛：宫殿的台阶。　◎风入袂（mèi），月盈怀：张彦远《法书要录》赞美王羲之的楷书，有"清风出袖，明月入怀"的说法。　◎兕（sì）：古时生活在中原一带的一种凶猛的野牛。　◎马融堂上帐：马融是东汉著名学者，据说他很放达，不拘守儒教的法规。他在教学时，"坐高堂，施绛纱帐，前授生徒，后列女乐。"　◎羊侃水中斋：南朝梁羊侃在衡州做官时，非常奢侈。设置水斋，并且用锦旗装饰，每天在里面宴饮游乐。　◎北面黉（hóng）宫宜拾芥：黉宫，古代称学校。拾芥，拾取地上的草芥，比喻到手容易。《汉书·夏候胜传》载，汉代学者夏侯胜经常对他的弟子说："你们的弱点是不明儒家

的经典,如果搞通了经典,做官'如俯拾地芥耳。'" ◎**东巡岱畤(zhì)定燔(fán)柴**:相传上古皇帝登基后,都要到泰山举行封禅之礼,祭祀天神。岱畤,岱即岱宗,泰山。畤,古时祭天、地、五帝的地方。燔柴,把祭牲玉帛放在柴草上点燃,让烟气飞升,象征着送给了神灵,这是封禅时的一种仪式。 ◎**锦缆春江,横笛洞箫通碧落**:锦缆,以锦缎做缆绳,极言舟船豪华。(唐)杜甫诗:"青蛾皓齿在楼船,横笛短箫悲远天。春风自信牙樯动,迟日徐看锦缆牵。"碧落即天。 ◎**华灯夜月,遗簪堕翠遍香街**:遗簪堕翠,指游人丢失的首饰。《梦粱录》中记北宋首都汴梁,每逢元宵节,热闹异常,人们通宵达旦地遍街游赏,酒醉后,"堕翠遗簪,难以枚举。"

十灰

春对夏，喜对哀。大手对长才。风清对月朗，地阔对天开。游阆苑，醉蓬莱。七政对三台。青龙壶老杖，白燕玉人钗。香风十里望仙阁，明月一天思子台。玉橘冰桃，王母几因求道降；莲舟藜杖，真人原为读书来。

[注释]

◎**大手**：即大手笔，原指重要文章，后引申用以形容人文才高妙。 ◎**阆（làng）苑**：传说中的仙境。 ◎**蓬莱**：神话传说中的海上仙山之一。 ◎**七政**：日、月和金、木、水、火、土五星，古人称为七政。 ◎**三台**：古有灵台、时台、囿台，合称三台。 ◎**青龙壶老杖**：传说东汉时，费长房遇到一位在壶中隐身的仙人壶公，就向他学道。长房归家，壶公赠给他一根竹杖，说骑上它可以到处行走。长房骑上它，很快到了家，回头一看，竹杖已变成龙。 ◎**白燕玉人钗**：传说汉武帝建造招灵台，有神女降临，赠给武帝一双玉钗，后来玉钗化为白燕升天。 ◎**望仙阁**：陈后主为妃子所建的楼阁，穷极富丽。 ◎**思子台**：传说汉武帝曾听信谗言，使得太子刘据因为巫蛊事自杀。汉武帝晚年的时候，知道太子是被冤枉的，就修了一座台纪念太子，名思子台。 ◎**莲舟藜杖，真人原为读书来**：《三辅黄图》记载，汉刘向在天禄阁读书，夜间有一个坐莲舟、拄着青藜杖的老者叩见。老者见室内黑暗，就吹燃了藜杖，靠着火光向刘向传授知识。刘向询问老者的姓名，他说自己是太乙真人。

朝对暮，去对来。庶矣对康哉。马肝对鸡肋，杏眼对桃腮。云移鸡鹊观，日晒凤凰台。佳兴适，好怀开。朔雪对春雷。河边淑气迎芳草，林下轻风待落梅。柳媚花明，燕语莺声浑是笑；松号柏舞，猿啼鹤唳总成哀。

[注释]

◎庶矣：人口众多。 ◎康哉：生活安康。 ◎马肝：古人认为马肝味劣，"食马肝"比喻干卑微琐碎之事。 ◎鸡肋：比喻留着无用丢掉又可惜的东西。曹操率军队进攻汉中，陷入进退两难的处境。恰逢厨子送来鸡汤，曹操见碗中有鸡肋，非常感慨，于是发出一个戒严口令："鸡肋。"诸将不知道这个口令是什么意思，主簿杨修却开始准备行装。人们问为什么，他说："鸡肋，弃之可惜，食之无味，拿这个来比喻这场战役，就知道魏王是想退兵了。"曹操得知后，觉得杨修恃才放旷，就把杨修杀了。 ◎朔雪：北方的雪。（南北朝）鲍照诗："胡风吹朔雪，千里度龙山。" ◎鸡（zhī）鹊观：古代道观名，为汉武帝所建，在云阳。（南北朝）谢朓诗："金波丽鸡鹊。" ◎凤凰台：传说南朝宋文帝元嘉年间曾有凤凰栖止在山上，后来就以凤凰为山名，于是造台。 ◎淑气：温和怡人的气息。 ◎浑：简直，几乎。

忠对信,博对赅。忖度对疑猜。
香消对烛暗,鹊喜对蛩哀。
金花报,玉镜台。倒斝对衔杯。
岩巅横老树,石磴覆苍苔。
雪满山中高士卧,月明林下美人来。
绿柳沿堤,皆因苏子来时种;
碧桃满观,尽是刘郎去后栽。

[注释]

◎赅（gāi）：全面，完备。　◎忖（cǔn）度（duó）：推测，估量。《诗·小雅·巧言》："他人有心，予忖度之。"
◎蛩（qióng）哀：蛩，蟋蟀。古人认为蟋蟀鸣叫声甚哀。　◎金花报：状元寄的家信。　◎玉镜台：晋代温峤娶妻的聘礼。　◎斝（jiǎ）：古代盛酒器皿。　◎雪满山中高士卧：《后汉书·袁安传》载，袁安遇雪天在家高卧不出，人以为贤,举为孝廉。(唐)韦应物诗:"门对寒流雪满山。"
◎**苏子**:即苏轼,他守杭州时,令人沿西湖堤种桃柳,人称苏公堤(即苏堤)。 ◎**刘郎**:唐诗人刘禹锡。他曾作诗,有"玄都观里桃千树,尽是刘郎去后栽"句。

十一 真

莲对菊,凤对麟。浊富对清贫。
渔庄对佛舍,松盖对花茵。
萝月叟,葛天民。国宝对家珍。
草迎金埒马,花醉玉楼人。
巢燕三春尝唤友,塞鸿八月始来宾。
古往今来,谁见泰山曾作砺;
天长地久,人传沧海几扬尘。

[注释]

◎**萝月叟:** 月下走在藤萝盘绕的山路上的老人。◎**葛天民:** 葛天氏时代的人。葛天氏,古史传说中远古时期的一个帝王。(晋)陶渊明《五柳先生传》:"无怀氏之民欤?葛天氏之民欤?"都是说无忧无虑、无拘无束的人们。◎**金埒(liè):** 埒,矮墙,特制马场的围墙。晋人王济有养马的癖好,用钱串起来绕马场围墙转了一圈,称为金埒。◎**塞鸿八月始来宾:** 到八月的时候北雁才会南飞来"作客"。◎**泰山曾作砺(lì):** 砺,磨刀石。意思是遥远无期,不可能出现的情况。◎**沧海几扬尘:** 《神仙传》载,仙人麻姑在蔡经家见到王远,说自己曾见过东海三次变为桑田,目前东海水又变浅,大约又要变成陆地。王远叹息说:圣人都说海中将要扬起尘土了。形容沧海桑田,世事变迁。

兄对弟，吏对民。父子对君臣。勾丁对甫甲，赴卯对同寅。折桂客，簪花人。四皓对三仁。王乔云外舃，郭泰雨中巾。人交好友来三益，士有贤妻备五伦。文教南宣，武帝平蛮开百越；义旗西指，韩侯扶汉卷三秦。

[注释]

◎赴卯：古代官府把检查出勤情况叫做点卯，赴卯犹如今天说上班。 ◎同寅：同僚，一起为官的人。 ◎折桂客：考试得中为折桂。折桂客就是考中的人。 ◎簪（zān）花：古代殿试得中，则赏令簪花，以显其荣。 ◎四皓：即"商山四皓"，见前文诠释。 ◎三仁：殷商末年，有微子、箕子、比干三个贤人。三人劝谏纣王，不被采纳，后来微子逃往国外，箕子装疯做奴隶，比干因进谏而被杀，三人俱以仁德见称于世。 ◎王乔云外舃（xì）：《后汉书》载，汉人王乔做叶县县令时，精通法术，每月能两次朝见皇帝。皇帝对他来去这么迅速感到惊异，叫人暗地观察。有人报告，王乔每次来朝，只见有一对凫雁飞来。人们用网捕捉这对飞雁，却只捉到了一只鞋。 ◎郭泰雨中巾：郭泰是东汉末年

的名士,一次遇雨,把头巾折起一角避雨,人们以为他是有意这样做的,就纷纷效仿他,故意把头巾折起一角,称为"宗林(郭泰字)巾"。 ◎**三益**:指正直、诚信、多闻。《论语》记载,孔子说:"益者三友,友直、友谅、友多闻,益矣。" ◎**五伦**:古代社会人与人之间的五种关系,即父子有亲,君臣有义,夫妇有别,长幼有序,朋友有信。 ◎**百越**:古代散居南方各地越族的总称,居住在两广、海南岛一带。 ◎**韩侯扶汉卷三秦**:韩侯,即韩信。在刘邦和项羽争夺天下的斗争中,韩信作为刘邦的将领,曾南北转战,立下了很大功劳。他曾劝说刘邦略定三秦。刘邦听从他的意见,尽得关中之地,为楚汉之争的胜利打下了基础。三秦,战国时秦的国土,在今陕西。

申对午,侃对訚。阿魏对茵陈。
楚兰对湘芷,碧柳对青筠。
花馥馥,草蓁蓁。粉颈对朱唇。
曹公奸似鬼,尧帝智如神。
南阮才郎羞北富,东邻丑女效西颦。
色艳北堂,草号忘忧甚事?
香浓南国,花名含笑笑何人?

[注释]

◎**申**:地支第九位,表示下午3—5点。 ◎**侃**(kǎn):和乐的样子。 ◎**訚**(yín):和悦地直言劝告。 ◎**阿魏、茵陈**:两味中药名。 ◎**楚兰、湘芷**:兰和芷都是香草,产在古代楚国。屈原的诗歌中经常提到这两种香草,用它比喻品行高洁的人物。 ◎**筠**(yún):原意是青色的竹皮,这里指竹。 ◎**蓁蓁**(zhēn):茂盛的样子。《诗·周南·桃夭》:"桃之夭夭,其叶蓁蓁。" ◎**南阮**(ruǎn)**才郎羞北富**:魏晋时期有两名著名的诗人阮籍和阮咸。二人是叔侄,居住在洛阳路南,他们两个虽然家境贫困,却才华横溢,为时人所推崇,而居住在路北的富人则因为感到不及二阮而羞愧。(唐)戴叔伦诗:"闭门茅底偶为邻,北阮那怜南阮贫。" ◎**东邻丑女效西颦**(pín):《庄子》里的一则寓言说,美女西施因胸痛,经常抚胸皱眉。东邻丑女也学西施的样子,在人前故意卖弄,却引得人们更加讨厌她。

十二文

忧对喜，戚对欣。《二典》对《三坟》。
佛经对仙语，夏耨对春耘。
烹早韭，剪春芹。暮雨对朝云。
竹间斜白接，花下醉红裙。
掌握灵符五岳篆，腰悬宝剑七星纹。
金锁未开，上相趋听宫漏水；
珠帘半卷，群僚仰对御炉熏。

[注释]

◎《二典》：指《尚书》中的《尧典》《舜典》两篇。 ◎《三坟》：传说是伏羲、神农、黄帝三皇之书。 ◎耨（nòu）：古代锄草的器具。 ◎竹间斜白接：指晋代德高望重的山涛醉后衣冠颠倒的样子。白接，当时的一种帽子。（唐）李白诗："落日欲没岘山西，倒著接篱花下迷。"就是说的这件事。 ◎五岳篆（lù）：迷信传说中能驱动五岳之神的符。
◎宫漏：铜壶滴漏，古代宫中计时的用具。（唐）戴叔伦诗："月沉宫漏静，雨湿禁花寒。"

词对赋，懒对勤。类聚对群分。
鸾箫对凤笛，带草对香芸。
燕许笔，韩柳文。旧话对新闻。
赫赫周南仲，翩翩晋右军。
六国说成苏子贵，两京收复郭公勋。
汉阙陈书，侃侃忠言推贾谊；
唐廷对策，岩岩直谏有刘蕡。

[注释]

◎**带草**：写字时兼有草书的体势。 ◎**香芸**：一种香草。 ◎**燕许笔**：唐代燕许大手笔。燕，指燕国公张说；许，指许国公苏颋（tǐng）。二人都以文章著名于世，时人称大手笔。 ◎**柳韩**：指唐代柳宗元、韩愈，文章绝代。 ◎**周南仲**：南仲是周宣王时的大将，建了赫赫战功。 ◎**晋右军**：即东晋王羲之，著名书法家。他曾做过右军将军，所以人们称他为王右军。 ◎**六国说成苏子贵**：战国时，苏秦以合纵术说服了六国诸侯共同抗秦，佩六国相印，为总约长。 ◎**两京收复郭公勋**：唐代郭子仪率兵平息"安史之乱"，收复了长安、洛阳两京，后以功封为汾阳王。 ◎**贾谊**：西汉大臣，文学家兼政治家，他曾上疏汉文帝，直切地指出汉王朝的危机，建议及早采取措施补救。 ◎**刘蕡（bēn）**：唐代刘蕡，曾因直言对策，触怒当时的佞臣，遭到排挤。

[注释]

◎羊羵(fén)：传说中生活在地下的怪物。 ◎把袂(mèi)：袂，衣袖。把袂比喻把臂或握手。 ◎书裙：在衣襟上写字。传说晋代书法家王羲之因为欣赏羊欣之才，曾在他的白练裙上作书。羊欣视为珍宝，揣摩学习，书法大进。后以书裙称誉人的书法，或指文人间的相互雅赏爱慕。 ◎汤事葛：指商代的贤君商汤帮助当时的小国葛的国君举行祭祀，反而遭其

言对笑,绩对勋。鹿豕对羊羵。
星冠对月扇,把袂对书裙。
汤事葛,说兴殷。萝月对松云。
西池青鸟使,北塞黑鸦军。
文武成康为一代,魏吴蜀汉定三分。
桂苑秋宵,明月三杯邀曲客;
松亭夏日,薰风一曲奏桐君。

抢掠。 ◎**说(yuè)兴殷**:说,傅说,商代人。传说他曾是奴隶,后来商王武丁发现了他的才干,举为三公,善治国政。
◎**西池青鸟使**:《汉武内传》载,仙人西王母临降人间之前,先有青鸟飞来通报。所以后来诗词中多以青鸟为传达爱情信息的使者。(唐)李商隐诗:"蓬莱此去无多路,青鸟殷勤为探看。" ◎**北塞黑鸦军**:唐李克用统领的守塞军队都穿黑色衣甲,号黑鸦军。 ◎**文武成康为一代**:西周的文、武、成、康四代明君,构成了西周鼎盛时期。 ◎**明月三杯邀曲客**:曲,造酒的媒质。曲客,指酒友。(唐)李白诗:"举杯邀明月,对影成三人。" ◎**桐君**:古琴名。

十三元

卑对长,季对昆。永巷对长门。
山亭对水阁,旅舍对军屯。
杨子渡,谢公墩。德重对年尊。
承乾对出震,叠坎对重坤。
志士报君思犬马,仁王养老察鸡豚。
远水平沙,有客泛舟桃叶渡;
斜风细雨,何人携榼杏花村。

[注释]

◎**季对昆**:季,弟弟;昆,兄长。 ◎**永巷**:汉代拘禁犯罪的妃嫔宫女的地方。 ◎**长门**:汉宫名,据说武帝陈后失宠后居此。 ◎**杨子渡**:古津渡名,春秋时晋国杨侯封子于金陵,故名曰杨子渡。 ◎**谢公墩**:山名,因晋代名士谢安曾在此登高远眺而得名。 ◎**乾、坤、坎、震**:《周易》的四个卦名。 ◎**仁王养老察鸡豚**:战国思想家孟轲阐述他的仁政思想,说如果王者施仁政,"鸡豚狗彘(zhì)之畜无失其时,七十者可以食肉矣。" ◎**桃叶渡**:津渡名。据说晋代王献之有妾名桃叶,桃叶渡江,以歌送之曰:"桃叶复桃叶,渡江不用楫。" ◎**榼**(kē):古盛酒器皿。 ◎**杏花村**:(唐)杜牧诗:"借问酒家何处有?牧童遥指杏花村。"后用杏花村指卖酒之处。

君对相，祖对孙。夕照对朝暾。
兰台对桂殿，海岛对山村。
碑堕泪，赋招魂。报怨对怀恩。
陵埋金吐气，田种玉生根。
相府珠帘垂白昼，边城画角对黄昏。
枫叶半山，秋去烟霞堪倚杖；
梨花满地，夜来风雨不开门。

[注释]

◎**朝暾**（tūn）：朝阳。 ◎**兰台**：汉代皇家贮藏图书的府库，又称兰台寺。 ◎**碑堕泪**：晋羊祜死，后人为他建碑立庙，看见碑的人，莫不坠泪，因而称堕泪碑。 ◎**赋招魂**：《楚辞》有《招魂赋》一篇，有人认为是屈原为招怀王之魂所作，有人认为是宋玉所作。 ◎**陵埋金吐气**：旧传秦始皇南巡，有人对他说，五百年后，金陵会出一位天子。始皇于是在金陵镇山埋下黄金以镇压。 ◎**田种玉生根**：《搜神记》载，洛阳杨伯雍家住无终山，山上无水，伯雍担水放在路旁，供行人取饮。三年后，有一人饮水后，送给他一斗石让他种，说玉会从里面长出来。几年后，石子上果然生出了玉石。这个故事表达善有善报。 ◎**画角**：古代西羌的乐器，外表有彩绘的号角，用竹木制成。

十四寒

家对国，治对安。地主对天官。坎男对离女，《周诰》对《殷盘》。三三暖，九九寒。杜撰对包弹。古壁蛩声匝，闲亭鹤影单。燕出帘边春寂寂，莺闻枕上漏珊珊。池柳烟飘，日夕郎归青琐闼；砌花雨过，月明人倚玉栏杆。

[注释]

◎**天官**：周朝指宰相。后世称吏部尚书为天官。 ◎**三三暖，九九寒**：三月三日，古人称上巳节，其后天气转暖。九月九日，古人称重阳节，其后天气逐渐转寒。 ◎**包弹（tán）**：宋代包拯为御史中丞，铁面无私，弹劾不避权贵，人谓之包弹。 ◎**漏珊珊**：计时漏壶里的声音。珊珊，拟声词，形容玉佩的碰撞声，这里借以形容漏壶滴水声。 ◎**青锁闼(tà)**：雕刻有青色图纹的公众禁门。闼，小门。 ◎**砌**：台阶。

[注释]

◎诛佞（nìng）剑：诛杀佞臣的宝剑。汉代朱云以县令身份要求汉元帝赐上方剑，要杀佞臣张禹。张禹是元帝的老师，元帝大怒，要杀朱云。朱云攀住殿中栏杆，武士拉他，连栏杆也被拉断。左将军辛庆忌拼死劝元帝息怒，朱云才逃一死。

肥对瘦，窄对宽。黄犬对青鸾。指环对腰带，洗钵对投竿。诛佞剑，进贤冠。画栋对雕栏。双垂白玉箸，九转紫金丹。陕右棠高怀召伯，河南花满忆潘安。陌上芳春，弱柳当风披彩线；池中清晓，碧荷承露捧珠盘。

◎**进贤冠**：文官戴的一种帽子。（唐）杜甫诗："良相头上进贤冠，猛将腰中大羽箭。" ◎**白玉箸**：据说释家得道，临终时有白玉气出鼻孔，双垂如白玉箸。 ◎**陕右棠高怀召伯**：召虎是周宣王时的一位大臣，人们称他为召伯。他很有政绩，传说他的住处有一棵甘棠树，他走后，人们对这棵树加意保护，并且作了一首叫《甘棠》的诗歌来纪念。陕右，即关中地区。 ◎**河南花满忆潘安**：潘安做河阳令时，满县皆栽桃花，人曰花县。

[注释]

◎**豹变**：意思是人或事物像豹纹一样发生显著的变化，越来越有文采，或越来越兴旺发达。 ◎**莺莺、燕燕**：钱塘范十二郎有两个女儿，分别叫莺莺、燕燕，都做了富翁陆氏之妾。宋诗人张子野八十娶妾，东坡作诗嘲之有"诗人老去莺莺在，

行对卧,听对看。鹿洞对鱼滩。
蛟腾对豹变,虎踞对龙蟠。
风凛凛,雪漫漫。手辣对心酸。
莺莺对燕燕,小小对端端。
蓝水远从千涧落,玉山高并两峰寒。
至圣不凡,嬉戏六龄陈俎豆;
老莱大孝,承欢七秩舞斑斓。

公子归来燕燕忙"之句。 ◎**小小**:钱塘妓女苏小小,亦名简简。白乐天诗:"苏家小女名简简,芙蓉花腮柳叶眼。"
◎**端端**:唐代名妓,姓李。诗人张祜作诗,有"鼻似胭脂耳似珰"之句。 ◎**至圣**:指孔子,后世尊他为"至圣先师"。
◎**老莱大孝,承欢七秩舞斑斓**:老莱子,传说中的古孝子,父母年迈,无以为欢。他虽然也年纪很大,但仍穿上花花绿绿的幼儿服装,在父母面前嬉笑,引逗双亲开心。七秩,七十岁。

十五 删

林对坞，岭对峦。昼永对春闲。
谋深对望重，任大对投艰。
裾裛裛，佩珊珊。守塞对当关。
密云千里合，新月一钩弯。
叔宝君臣皆纵逸，重华父母是嚚顽。
名动帝畿，西蜀三苏来日下；
壮游京洛，东吴二陆起云间。

[注释]

◎坞：地势周围高中间低的地方。 ◎昼永：指白天时间很长。 ◎投艰：赋予重任。 ◎裛裛：随风摆动的样子。 ◎珊珊：玉器叮咚的响声。 ◎叔宝君臣皆纵逸：南朝陈后主，名叔宝，历史上有名的荒淫皇帝。他经常召集江总、孔范等十个文人在一起饮宴，称为"狎客"，让张贵人等八名妃嫔与之交错而坐，整日纵情声色。 ◎重华父母是嚚（yín）顽：重华是帝舜的名。相传他的父亲瞽（gǔ）叟和弟弟象品行都很坏，曾多次设阴谋准备把他害死。嚚顽：愚蠢而顽固。 ◎帝畿（jī）、日下：都指都城。 ◎三苏：指宋著名文学家苏洵和他的儿子苏轼、苏辙。他们都是四川眉山人，名震一时，人称三苏。 ◎二陆：指晋文学家陆机、陆云兄弟，大有才名，人称二陆。他们在东吴亡后来到洛阳从政。

骄对傲，吝对悭。讨逆对平蛮。
忠肝对义胆，雾鬓对云鬟。
埋笔冢，烂柯山。月貌对天颜。
龙潜终得跃，鸟倦亦知还。
陇树飞来鹦鹉绿，湘筠密处鹧鸪斑。
秋露横江，苏子月明游赤壁；
冻云迷岭，韩公雪拥过蓝关。

[注释]

◎**悭**（qiān）吝啬。◎**讨逆**：讨伐坏人。◎**埋笔冢**：隋代僧人智永是著名的书法家，相传他写字用过的笔积攒了十八瓮，后来埋成一墓，称为"埋笔冢"。◎**烂柯山**：《志林》载，晋代有个樵者叫王质，有一次上山砍柴，看见两个童子在下棋，王质就放下斧头在一边看棋。等到一局棋下完，回头一看自己的斧头柄都烂了。回到家乡，家乡已经过了几代，完全变了模样。（唐）刘禹锡诗："怀旧空吟闻笛赋，到乡翻似烂柯人。"柯，斧柄。◎**龙潜终得跃**：比喻人或事物由小到大、由弱到强的发展过程。◎**鸟倦亦知还**：（晋）陶渊明《归去来兮辞》："云无心以出岫，鸟倦飞而知还。"此句出于此。◎**秋露横江，苏子月明游赤壁**：元丰四年（公元1081年），苏轼曾月夜泛舟赤壁，作《前赤壁赋》，赋中有"少焉，月出于东山之上，徘徊于斗牛之间。白露横江，水光接天"等语。◎**冻云迷岭，韩公雪拥过蓝关**：唐文学家韩愈，因为《谏迎佛骨表》触怒宪宗，被贬为潮州刺史，行到蓝关时遇到下雪，写了一首《左迁至蓝关示侄孙湘》，"云横秦岭家何在，雪拥蓝关马不前"是诗中名句。韩愈借此诗抒发了自己内心的郁愤以及前途未卜的感伤。

下卷

一 先

寒对暑，日对年。蹴鞠对秋千。
丹山对碧水，淡雨对轻烟。
歌宛转，貌婵娟。雪赋对云笺。
荒芦栖宿雁，疏柳噪秋蝉。
洗耳尚逢高士笑，折腰肯受小儿怜。
郭泰泛舟，折角半垂梅子雨；
山涛骑马，接篱倒着杏花天。

[注释]

◎蹴（cù）鞠（jū）：中国古代的一种足球运动。◎婵娟：体态柔弱的样子。◎云笺：轻薄如云的纸。唐代韦陟（zhì）用五彩笺写信，由他人代笔，自己签名。由于他写的"陟"字像五朵云，后来人们称书信为五云笺或云笺。◎洗耳尚逢高士笑：传说帝尧时，箕山有两位高人隐士巢父、许由。尧同许由商量，准备把帝位传给他，许由听到了，觉得玷污了自己的耳朵，就跑到池中去洗耳。池水主人巢父听了此事后怒道："你洗耳朵弄脏了我的水，还让我怎么饮牛！"这个故事是说帝尧、许由、巢父，一个比一个更高洁。李白诗："世无洗耳翁，安辨尧与跖。"◎折腰肯受小儿怜：陶渊明做彭泽令时，一次上官来视察，县吏向陶渊明建议，应穿上官服迎见。陶渊明气愤地说："吾不能为五斗米折腰，拳拳事乡里小儿！"于是弃官而去，作《归去来兮辞》。◎折角：折角巾。本句是郭泰的故事，见前文注解。◎接篱：古代的一种头巾。本句是山涛的故事，见前文注解。

轻对重，脆对坚。碧玉对青钱。郊寒对岛瘦，酒圣对诗仙。依玉树，步金莲。凿井对耕田。杜甫清宵立，边韶白昼眠。豪饮客吞杯底月，酣游人醉水中天。斗草青郊，几行宝马嘶金勒；看花紫陌，千里香车拥翠钿。

［注释］

◎**碧玉**：中国古代著名美女，成语"小家碧玉"的主角，晋代汝南王司马亮的妾。（唐）王维诗："自怜碧玉亲教舞。"
◎**青钱**：唐代张鷟（zhuó）甚有才名，时人称之为"青钱学士"，意思是他的文章万选万中，万无一失。 ◎**郊寒、岛瘦**：郊指孟郊，岛指贾岛，唐代的两个诗人。孟郊诗风冷峻，贾岛诗风清瘦，后人于是有"郊寒岛瘦"的评价。 ◎**酒圣**：晋代刘伶旷达放饮，又曾作《酒德颂》，后人称之为酒圣。 ◎**诗仙**：李白初游长安，得到名人贺知章赏识，誉之为"谪仙人"，后人称之为诗仙。 ◎**玉树**：比喻少年的人品或者相貌姣好。唐代有个少年叫崔宗之，容貌仪态都很美，饮酒时更见风度。杜甫诗《饮中八仙歌》说："宗之潇洒美少年，举觞白眼望青天，皎如玉树临风前。" ◎**步金莲**：形容

女子优雅缓慢地行走的样子。南齐东昏侯宠爱潘妃,曾用金制成莲花贴在地上,让潘妃在上面行走,叫"步步生莲花"。后以金莲指女子纤足。 ◎**凿井对耕田**:传说尧帝游于康衢,有一老人击壤而歌曰:"日出而作,日入而息,凿井而饮,耕田而食,帝力于我何有哉!" ◎**清宵**:清净的夜晚。 ◎**边韶**:东汉人名,字孝先,性格放达,经常白天睡觉。弟子编歌嘲之曰:"边孝先,腹便便。夜读书,昼贪眠。" ◎**斗草**:古代斗花草的游戏。 ◎**金勒**(lè):用金装饰的马笼头。 ◎**紫陌**:帝京的道路。 ◎**翠钿**(diàn):用珠翠等镶成的首饰。这里指代妇女。

吟对咏,授对传。乐矣对凄然。
风鹏对雪雁,董杏对周莲。
春九十,岁三千。钟鼓对管弦。
入山逢宰相,无事即神仙。
霞染武陵桃淡淡,烟荒隋堤柳绵绵。
七碗月团,啜罢清风生腋下;
三杯云液,饮余红雨晕腮边。

[注释]

◎**风鹏**:《庄子》书中说,北海有一种大鱼,其名为鲲,变成大鸟,其名为鹏。鹏有几千里大小,它要飞到南海,需要积累很长时间的风浮起它才有可能。 ◎**董杏**:《神仙传》中载,三国时东吴人董奉隐居庐山,为人治病不收取报酬,只要求病重的人为他栽五棵杏,病轻的栽一棵,数年后庐山有了一片杏树林。 ◎**周莲**:宋代周敦颐,性爱荷花,曾写《爱莲说》一篇,盛赞此花出污泥而不染的高洁品质。 ◎**春九十**:春季三个月九十天,意思是春光将尽。 ◎**岁三千**:极言年寿之长。传说西王母的蟠桃三千年才能成熟一次。 ◎**入山逢宰相**:南朝陶弘景隐居在山中,梁武帝常常上山问他国事,时人称之为"山中宰相"。 ◎**武陵**:陶渊明在《桃花源记》中写了武陵一位渔夫,偶逢一处世外桃源的故事。 ◎**月团**:茶名。(唐)卢仝:"七碗吃不得也,唯觉两腋习习清风生。" ◎**云液**:酒的美称。(唐)白居易诗:"云液洒六腑,阳和生四肢。"

中对外,后对先。树下对花前。

玉树对金屋,叠嶂对平川。

孙子策,祖生鞭。盛席对华筵。

醉解知茶力,愁消识酒权。

丝剪芰荷开冻沼,锦妆凫雁泛温泉。

帝女衔石,海中遗魄为精卫;

蜀王叫月,枝上游魂化杜鹃。

[注释]

◎**孙子策**:孙子指春秋战国时吴国孙武。春秋时期著名军事家,著有《孙子》十三篇传世。 ◎**祖生鞭**:东晋时的名将祖逖(tì)与他的朋友刘琨同住,他们立志收复中原,每天闻鸡鸣就起床舞剑。有一次祖逖先醒,刘琨醒来后说:"祖生先吾着鞭。"意思是祖逖比自己行动得快。 ◎**丝剪芰(jì)荷开冻沼**:传说中隋炀帝的故事。说他曾在冬天命人用锦绢剪成荷花,遍插池苑,从中游乐。 ◎**锦妆凫雁泛温泉**:唐玄宗的故事。相传玄宗扩建华清宫汤池,规模宏丽,汤池内以玉莲为喷泉,又缝锦绣为凫雁,放于水中,自己乘小舟游嬉,极尽奢欲。 ◎**精卫**:上古神话,传说炎帝的女儿溺死在东海,魂魄变成一种鸟,名叫精卫,常常衔木石填在海中。 ◎**蜀王叫月**,**枝上游魂化杜鹃**:上古神话传说,古蜀国开国国王名叫杜宇,在蜀国治水,认为自己功德浅薄,就让位给大臣鳖冷,自己隐居山林,死后化为杜鹃鸟,夜夜悲啼,啼则吐血。(唐)李商隐诗:"望帝春心托杜鹃。"

二 萧

琴对管,釜对瓢。水怪对花妖。
秋声对春色,白缣对红绡。
臣五代,事三朝。斗柄对弓腰。
醉客歌金缕,佳人品玉箫。
风定落花闲不扫,霜余残叶湿难烧。
千载兴周,尚父一竿投渭水;
百年霸越,钱王万弩射江潮。

[注释]

◎缣(jiān):丝绢,这里指细绢。 ◎绡(xiāo):生丝,又指用生丝织的绸子。 ◎臣五代:指五代时的官僚冯道,他曾先后在后唐、后晋、后辽、后汉、后周五朝为官,对丧君亡国毫不介意,并自号"长乐老"。旧时代拿他做没气节的典型。 ◎事三朝:南朝时沈约曾在宋、齐、梁三朝为官。 ◎斗柄:北斗七星中排成柄状的三星。 ◎弓腰:舞女反身将腰弯成弓形,叫做弓腰。 ◎千载兴周,尚父一竿投渭水:西周初,姜尚(姜子牙)曾隐居在渭水垂钓,后被周文王聘请为太师,辅佐武王灭殷,被周武王尊为尚父。 ◎钱王万弩射江潮:传说五代时钱镠(liú)为吴越王,做防御潮水的铁柱于江中,还未完成潮水就到了。于是吴越王命令用万弩射潮水,潮水居然退了。

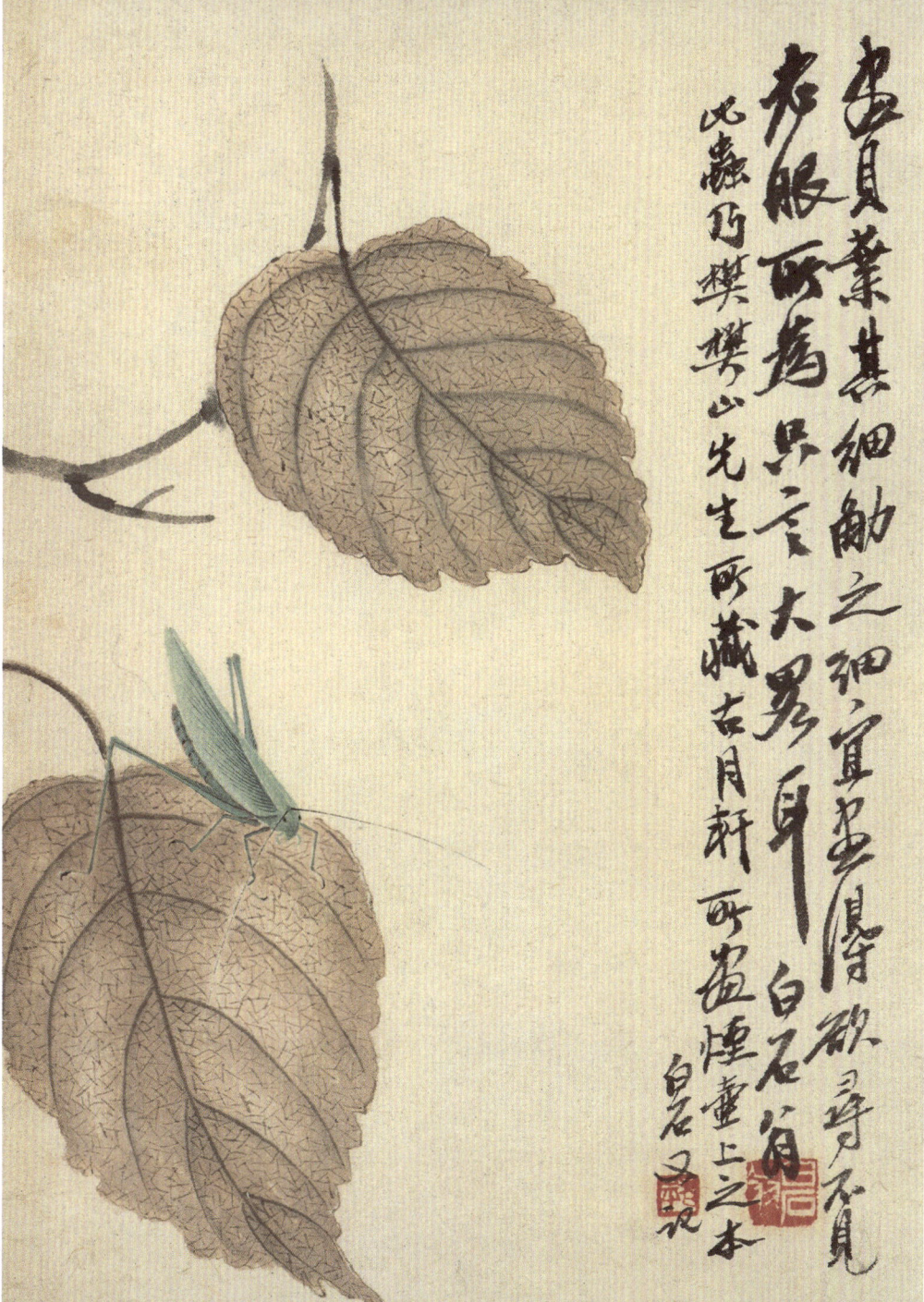

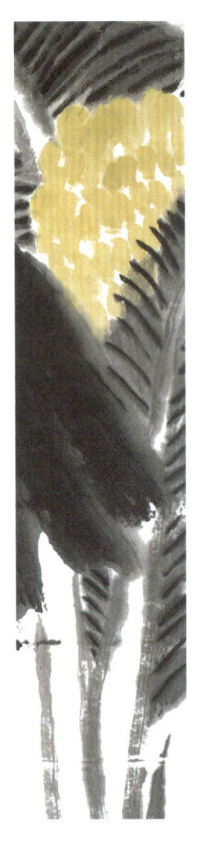

荣对悴,夕对朝。露地对云霄。
商彝对周鼎,殷《濩》对虞《韶》。
樊素口,小蛮腰。六诏对三苗。
朝天车奕奕,出塞马萧萧。
公子幽兰重泛舸,王孙芳草正联镳。
潘岳高怀,曾向秋天吟蟋蟀;
王维清兴,尝于雪夜画芭蕉。

[注释]

◎**商彝(yí)**:商代的青铜酒器。 ◎**周鼎**:周代的青铜鼎。 ◎**《濩(hù)》**:传说是商汤时的乐曲名。 ◎**《韶》**:传说是帝舜时乐曲名。 ◎**樊素口,小蛮腰**:樊素、小蛮都是白居易的歌伎。白居易有"樱桃樊素口,杨柳小蛮腰"的诗句。 ◎**六诏**:诏是唐代我国西南少数民族对王的称呼,当时有蒙巂(xī)、越析、浪穹、澄睒(shǎn)、施浪、蒙舍诸诏,合称六诏。 ◎**三苗**:传说尧、舜时代居住在西南的我国少数民族。 ◎**朝天**:指大臣们登朝拜见皇帝。 ◎**公子幽兰重**

泛舸： 屈原《九歌》："沅有芷兮澧（lǐ）有兰，思公子兮未敢言。"舸（gě），大船。 ◎**联镳（biāo）：** 意思是并马而行，镳（biāo），马嚼头。 ◎**王维：** 唐代诗人王维诗、画、书都有很高造诣。据说他的山水画随意写来，不分四时，曾画雪中芭蕉。

耕对读,牧对樵。琥珀对琼瑶。
兔毫对鸿爪,桂棹对兰桡。
鱼潜藻,鹿藏蕉。水远对山遥。
湘灵能鼓瑟,嬴女解吹箫。
雪点寒梅横小院,风吹弱柳覆平桥。
月牖通宵,绛蜡罢时光不减;
风帘当昼,雕盘停后篆难消。

[注释]

◎兔毫:笔名,这里指毛笔。 ◎鸿爪:指鸿雁在泥土上留下的脚印,比喻往事留下的痕迹。(宋)苏轼诗:"人生到处知何处?应似飞鸿踏雪泥。" ◎桂棹(zhào)、兰桡(ráo):都是划船的工具。桂是桂树,兰指木兰。用桂和木兰制成的楫和桡,言其贵重华美。 ◎鹿藏蕉:《列子·周穆王》中说,春秋时代,郑国的一个樵夫打死了一只鹿。他一时无法把这只鹿弄回家,留在原处又怕被别人看见,就把它拖到一个没有水的壕沟里,用芭蕉叶盖上。后来,樵夫来取这只鹿,却找不到藏它的地方了。樵夫想:"大概我并没有打死过鹿,只不过是做了一场梦!"成语"蕉叶覆鹿"

就是由此产生的,用来比喻梦中的事情。◎**湘灵**:娥皇女英在苍梧之野为舜帝哭泣,后人称她们为湘江之神。◎**嬴女**:即秦穆公女儿弄玉,擅长吹箫。秦王族姓嬴,故称弄玉为嬴女。 ◎**月牖(yǒu)通宵,绛蜡罢时光不减**:由于月光透窗而入,即使灭掉红烛,室内仍很明亮。牖,窗户;绛蜡,即红烛。 ◎**风帘当昼,雕盘停后篆难消**:因为风帘遮掩门户,尽管雕盘中的薰香不再点燃,室内的香气也很难消失。篆,指袅袅上升的香烟好象篆字一样。

三 肴

《诗》对《礼》,卦对爻。燕引对莺调。
晨钟对暮鼓,野蔌对山肴。
雉方乳,鹊始巢。猛虎对神獒。
疏星浮荇叶,皓月上松梢。
为邦自古推瑚琏,从政于今愧斗筲。
管鲍相知,能结忘形胶漆友;
蔺廉有隙,终为刎颈死生交。

[注释]

◎**野蔌、山肴**:农家的平常饭菜。蔌,蔬菜;肴,荤食。 ◎**雉方乳**:野鸡还很小。汉代鲁恭为中牟令,很有政绩,蝗虫都不入他管辖的地方。河南尹听说了这件事,就派人去当地看看情况。派去的人看到野鸡停留在桑树下,旁边的儿童却不捕捉,非常吃惊。儿童说:"野鸡在孵卵,不要伤害它。" ◎**荇**:荇菜,根生在水底,叶子浮在水面上。
◎**为邦自古推瑚琏(liǎn)**:《论语》载,一次孔子弟子子贡问老师:"我是怎样一个人?"孔子说:"你是能成器的。"又问:"我是怎样的器?"孔子说:"你是瑚琏。"瑚琏,古代宗庙盛黍稷的器皿,是祭祀的贵重礼器,比喻子贡会成为治国的人材。为邦,治理国家。 ◎**从政于今愧斗筲(shāo)**:《论语》载,一次子贡问,当今做官的人怎么样,孔子说:"噫,斗筲之人,何足算也!"筲,一种小型竹器。斗筲之人,是说德薄才疏的人。 ◎**管鲍**:指管仲和鲍叔牙。春秋时,管仲和鲍叔牙非常要好,患难与共,旧时代常以管鲍为朋友间的楷模。 ◎**胶漆**:形容难解难分,关系极为密切。古诗:"以胶投漆中,谁能别离此。" ◎**蔺廉有隙,终为刎颈死生交**:蔺相如和廉颇是战国时赵国的宰相和将军,廉颇对蔺相如不服气,多次侮辱对方,但相如只是避开。后廉颇觉悟,亲自登门负荆请罪,二人遂为刎颈之交。

歌对舞，笑对嘲。耳语对神交。
焉乌对亥豕，獭髓对鸾胶。
宜久敬，莫轻抛。一气对同胞。
祭遵甘布被，张禄念绨袍。
花径风来逢客访，柴扉月到有僧敲。
夜雨园中，一颗不凋王子柰；
秋风江上，三重曾卷杜公茅。

[注释]

◎焉乌对亥豕(shǐ)：焉和乌，亥和豕的繁体字字形相近，容易混淆，后人用以泛指字形相似容易混淆的汉字。
◎獭(tǎ)髓：獭，水獭，旧传水獭的髓是很好的滋补品，服食能益神智。　◎鸾胶：传说海上有凤麟洲，上面有很多仙人，以凤喙麟角合煎作膏，能续弓弩断弦。　◎一气：指有血缘关系的亲属，多喻兄弟。　◎祭遵：祭遵是东汉光武帝时的将军，为人克己奉公，凡皇帝的赏赐一律分给士卒，家无私财，穿皮裤，盖布被，因而受到皇帝的敬重。
◎张禄念绨(tí)袍：战国时，范雎和须贾一同在魏国做官，须贾出于嫉妒陷害范雎，差点害死了范雎。后来范雎逃到秦国，易名为张禄，做了秦相。须贾出使秦国时，范雎故意穿了一身破衣服去见须贾。须贾不知他就是秦相，便说："范叔你怎么这么寒酸呀？"就把自己的绨袍赠送给范雎。不久，须贾终于知道原来范雎就是秦相张禄，吓得赶忙登门请罪。

范睢说:"根据你旧日对我的态度,本当把你处死,但你送我一件袍子,看来还有点情谊,可以饶你一命。" ◎王子奈(nài):《二十四孝》记载,晋人王祥非常孝顺,他的继母对他不好,命令他去看护后园奈树,掉一颗果子就要鞭打他。风雨天王祥总是抱树大哭,感动上天,于是果子一颗不落。奈,落叶小乔木,花白色,果小,是苹果的一种。
◎杜公茅:杜公指杜甫。杜甫居成都时,一次大风吹坏了草堂,他曾为此写作了《茅屋为秋风所破歌》,中有"八月秋高风怒号,卷我屋上三重茅"之句。

廪对庖。玉磬对金铙。
竹林对梅岭,起凤对腾蛟。
鲛绡帐,兽锦袍。露果对风梢。
扬州输橘柚,荆土贡菁茅。
断蛇埋地称孙叔,渡蚁编桥识宋郊。
好梦难成,蛩响阶前偏唧唧;
良明远至,鸡声窗外正嘐嘐。

[注释]

◎廪(lǐn):粮仓。 ◎庖(páo):厨房。 ◎磬(qìng)、铙(náo):两种古乐器。 ◎竹林:晋时嵇康与阮籍等七人为友,蔑视礼教,狂放不羁,经常聚在竹林中啸饮清谈,时人号为"竹林七贤"。 ◎梅岭:宋代英州诗人司寇曾种梅三十株于大庾岭,故庾岭多梅。(唐)宋之问诗:"明朝望乡处,应见岭头梅。" ◎起凤、腾蛟:都是形容文采的超拔。(唐)王勃《滕王阁序》:"腾蛟起凤,孟学士之词宗。" ◎鲛(jiāo)绡(xiāo):古代神话,南海外有鲛人,住在水中,善长织绩,眼睛能泣泪成珠。鲛绡,鲛人所织的细绢。 ◎兽锦:绣有麟、豹一类野兽花纹

的锦缎。　◎**断蛇埋地称孙叔**：迷信传说人如果见到双头蛇必死,春秋时楚国人孙叔敖年幼时,见到一只两个头的蛇,为了不至于让更多的人见而致死,就杀而埋之。他的母亲听说了这件事后,说:"我儿做了好事,天必报应。"后来孙叔敖果然做了楚国的令尹。　◎**渡蚁编桥识宋郊**：迷信传说,宋代宋郊为士人时,所居堂前有蚁穴为雨水冲毁,他就编竹为桥让蚂蚁爬到了干处,据说因为有此阴德,后来考中了状元。　◎唧唧:虫鸣声。　◎嘐嘐(xiāo):鸡鸣声。

四豪

茭对茨，荻对蒿。山麓对江皋。
莺簧对蝶板，麦浪对松涛。
骐骥足，凤凰毛。美誉对嘉褒。
文人窥蠹简，学士书兔毫。
马援南征载薏苡，张骞西使进葡萄。
辩口悬河，万语千言常娓娓；
词源倒峡，连篇累牍自滔滔。

[注释]

◎**茭**（jiāo）：喂牲口的干草。 ◎**茨**（cí）：蒺藜，一种植物。 ◎**荻**（dí）、**蒿**（hāo）：都是草木植物。 ◎**莺簧**：指黄莺啼叫的声音美如笙簧。 ◎**蝶板**：蝴蝶的双翅忽开忽合好像乐器中的板。 ◎**骐**（qí）**骥**（jì）：骏马。比喻人有才干。 ◎**凤凰毛**：凤毛麟角，比喻稀有的优秀人才。 ◎**蠹**（dù）**简**：被虫蛀蚀的书简。 ◎**马援南征载薏苡**：马援是东汉的将军，他南征交趾时，曾带回数车薏苡，以防治瘴疠，当时的人都认为很金贵。 ◎**张骞西使进葡萄**：汉武帝时，张骞曾两次出使西域，使汉族和少数民族、中国和外国的文化得以交流。传说中原地区的葡萄是他由西域带回来的，留种中国。 ◎**娓娓**（wěi）：原意是勤奋的样子，这里是言不绝口的意思。 ◎**词源倒峡**：形容诗文雄健有力，气势豪迈。（唐）杜甫《醉歌行》："词源倒流三峡水，笔阵横扫千人军。"

梅对杏,李对桃。梌朴对旌旄。酒仙对诗史,德泽对恩膏。悬一榻,梦三刀。拙逸对贤劳。玉堂花烛绕,金殿月轮高。孤山看鹤盘云下,蜀道闻猿向月号。万事从人,有花有酒应自乐;百年皆客,一丘一壑尽吾豪。

[注释]

◎梌(yù)朴(pǔ):两种灌木名,比喻贤人众多,国家兴盛。 ◎旌(jīng)旄(máo):指军队中的旗帜。 ◎酒仙:杜甫有《饮中八仙歌》,称李白、贺知章、李琎、张旭等为酒仙。 ◎诗史:杜甫的许多诗较为真实地记述了当时的社会状况,被人称为"诗史"。 ◎德泽对恩膏:泽和膏都是指及时的好雨,因而被比作恩德。 ◎悬一榻:东汉时陈蕃做豫章太守时,不接待别的宾客,专门为名士徐孺子特设一榻,徐来了就放下,徐走后就挂起来。 ◎梦三刀:西晋时王浚夜里梦到梁上悬了三把刀,后来又增加一把,醒来问别人是何吉凶。解梦者说:"三刀是州字,又加一把是'益'

的意思，是益州也，所以您要做益州刺史了。"后来果然任守益州。　◎**百年皆客，一丘一壑尽吾豪**：这是一种消极的人生观，认为人生百年不过如客人一样暂住世间，应放浪山水之间，尽其豪情。

台对省,署对曹。分袂对同袍。

鸣琴对击剑,返辙对回艚。

良借箸,操捉刀。香茗对醇醪。

涓泉归海大,寸壤积山高。

石室客来煎雀舌,画堂宾至奉羊羔。

被谪贾生,湘水凄凉吟《鵩鸟》;

遭谗屈子,江潭憔悴著《离骚》。

[注释]

◎台、省、署、曹:都是古时官府的名称。 ◎分袂(mèi):古时把离别称作分袂。袂,袖子。 ◎返辙:即回到车里。晋阮籍由于当时政治昏暗,心情苦闷,常酒醉后乘车出游,遇到绝路就痛哭而回。 ◎回艚(cáo):艚,就是船。东晋王献之曾在雪夜乘船去访问他的老朋友戴逵,走到半路,忽然命令船只返回。人们问什么缘故,他说自己是"乘兴而来,兴尽而返"。 ◎良借箸:楚汉战争中,汉高祖听信郦生的话,准备把诸将分封于各地为侯王。张良认为这是错误的,就在酒宴前,借席上的筷子——陈说道理。箸,筷子。 ◎操捉刀:传说匈奴使者要拜见曹操,曹操觉得自己相貌不扬,恐怕被耻笑,于是让崔琰装扮成魏王,曹操自己装扮成卫士,提刀立在旁边。朝见后,让人问使者对魏王的印象。使者说,魏王相貌看起来挺平常的,但旁边提刀的人,才是真英雄啊。 ◎醇(chún)醪(láo):指好酒。 ◎雀舌:一种名茶。 ◎羊羔:一种白色的美酒。 ◎被谪贾生,湘水凄凉吟《鵩(fú)鸟》:汉代贾谊被黜为长沙王太傅,内心悲苦,有一天一只猫头鹰闯进他的屋子,人们认为这是不详的征兆,他就写了一篇《鵩鸟赋》抒发情怀。鵩,一种猫头鹰类的鸟。 ◎屈子:战国时期楚国大夫,爱国诗人屈原。

 五歌

微对巨,少对多。直干对平柯。
蜂媒对蝶使,雨笠对烟蓑。
眉淡扫,面微酡。妙舞对清歌。
轻衫裁夏葛,薄袂剪春罗。
将相兼行唐李靖,霸王杂用汉萧何。
月本阴精,岂有羿妻曾窃药;
星为夜宿,浪传织女漫投梭。

[注释]

◎**平柯**:平直的树枝。柯,树枝。 ◎**眉淡扫**:唐代张祜《集灵台》诗,讽刺杨妃姊妹,有"却嫌脂粉污颜色,淡扫峨眉朝至尊"句。扫,描画。 ◎**面微酡(tuó)**:酡,因酒醉而面带微红叫酡。《楚辞·招魂》:"美人既醉,朱颜酡些。" ◎**将相兼行唐李靖**:李靖,唐初著名军事家。他曾在建立唐王朝的斗争中屡立战功,后又平突厥之叛,三定朔方,被封为卫国公。将相兼行是说他才兼文武。 ◎**霸王杂用汉萧何**:楚汉战争中,萧何辅佐汉高祖定三秦,后为汉相,制作律令，对汉王朝的建立和巩固卓有贡献。霸王杂用，是说"王道"和"霸道"交替使用。儒家称以力假仁者为霸，以德行仁政者为王。 ◎**羿妻曾窃药**：古代神话传说，后羿从西王母那里得到了长生药，他的妻子嫦娥偷吃了以后飞升到月宫。 ◎**织女漫投梭**：古代神话说，织女是天帝的孙女，整夜在那里织布。世传牛郎织女隔天以梭相投。

慈对善，虐对苛。缥缈对婆娑。长杨对细柳，嫩蕊对寒莎。追风马，挽日戈。玉液对金波。紫诏衔丹凤，《黄庭》换白鹅。画角江城梅作调，兰舟野渡竹为歌。门外雪飞，错认空中飘柳絮；岩边瀑响，误疑天半落银河。

[注释]

◎婆娑（suō）：树木或人的身躯摇曳多姿的样子。 ◎寒莎（suō）：秋天的莎草。 ◎追风马：《淮南子》中有"以兔之走，使犬如马则逮日归风"的说法，后常以追风形容马跑得快。 ◎挽日戈：古代神话传说，楚国的鲁阳公与韩国人作战，战到太阳落山未分胜负，他举起戈来向太阳下令，太阳又从西方退了回来，他又继续战斗。 ◎紫诏：皇帝的诏书。 ◎《黄庭》换白鹅：晋书法家王羲之喜欢山阴道士养的鹅，于是为道士写了一卷《黄庭经》，做为交换条件。（唐）李白诗："山阴道士如相见，应写黄庭换白鹅。" ◎梅作调：指古笛曲《梅花落》。 ◎竹为歌：此指歌咏民俗风土人情的《竹枝词》。 ◎门外雪飞，错认空中飘柳絮：晋代谢奕的女儿谢道韫有才辩，一次降雪，他的叔父谢安问子侄们："大雪纷飞的样子像什么？"谢朗说："像一把盐洒在空中。"道韫说："不如说像柳絮被风吹起。"谢安十分赞赏。 ◎落银河：李白《观庐山瀑布》有"飞流直下三千尺，疑是银河落九天"之句，出于此。

松对竹，荇对荷。薜荔对藤萝。
梯云对步月，樵唱对渔歌。
升鼎雉，听经鹅。北海对东坡。
吴郎哀废宅，邵子乐行窝。
丽水良金皆入冶，昆山美玉总须磨。
雨过皇州，琉璃色灿华清瓦；
风来帝苑，荷芰香飘太液波。

[注释]

◎ **薜（bì）荔（lì）**：南方的一种蔓生植物。　◎ **升鼎雉**：传说殷王武丁时祭祀太庙，有野鸡飞落鼎耳上鸣叫，古人认为是一种祥瑞。　◎ **听经鹅**：佛教传说，志违和尚养的鹅能听经说法。　◎ **北海**：东汉末孔融曾为北海太守，时人称之为北海，好宴客。他是当时著名的文人。　◎ **东坡**：宋代诗人苏轼，在黄冈东坡筑室，号东坡居士。　◎ **吴郎**：吴郎指唐代吴融，他曾写有《废宅》诗："风飘碧瓦雨摧垣，却有邻人与锁门。"　◎ **邵子**：宋代经学家邵雍隐居不仕，居洛阳三十年，称自己的住所为"安乐窝"，自称安乐先生。　◎ **丽水**：地名，旧传金生丽水，玉出昆仑。　◎ **华清**：即华清宫，在金陵，六朝（陈）时所建。　◎ **太液**：即太液池，西汉时在长安掘成的人造湖。

笼对槛，巢对窝。及第对登科。
冰清对玉润，地利对人和。
韩擒虎，荣驾鹅。青女对素娥。
破头朱泚笏，折齿谢鲲梭。
留客酒杯应恨少，动人诗句不须多。
绿野凝烟，但听村前双牧笛；
沧江积雪，惟看滩上一渔蓑。

[注释]

◎**冰清对玉润**：晋代乐广、卫玠翁婿俱有名，时人称乐广为冰清，其婿卫玠为玉润，喻人品高洁。 ◎**韩擒虎**：人名。隋朝大将，屡立战功，渡江平陈战役就是由他统帅的。 ◎**荣驾鹅**：人名。春秋时鲁昭公之大臣。 ◎**青女**：传说中的霜神。 ◎**素娥**：即嫦娥，因为月色白，故又称素娥。（唐）李商隐诗："青女素娥俱耐冷，月中霜里斗婵娟。" ◎**破头朱泚（cǐ）笏（hù）**：唐德宗时，京师兵变，太尉朱泚欲窃皇位，段秀实用笏击破他的头，随后被朱泚所杀。（南宋）文天祥《正气歌》："或为击贼笏，逆竖头破裂。"即用此典故。笏（hù），古代大臣登朝所持用以记事的手板。 ◎**折齿谢鲲（kūn）梭**：晋代谢鲲调戏邻家女，邻家女正在织布，就用梭子打断了他的牙齿。 ◎**渔蓑**：披蓑戴笠的渔翁。（唐）柳宗元《江雪》："孤舟蓑笠翁，独钓寒江雪。"

六　麻

清对浊，美对嘉。鄙吝对矜夸。花须对柳眼，屋角对檐牙。志和宅，博望槎。秋实对春华。乾炉烹白雪，坤鼎炼丹砂。深宵望冷沙场月，绝塞听残野戍笳。满院松风，钟声隐隐为僧舍；半窗花月，鹤影依依是道家。

[注释]

◎**鄙吝**：过分吝啬。　◎**矜夸**：傲娇自夸。　◎**花须对柳眼**：花须，花蕊伸展如须。柳眼，柳叶如眉眼。（唐）李商隐诗："花须柳眼各无赖，紫蝶黄蜂俱有情。"　◎**志和宅**：唐代诗人张志和，仕途不顺，于是在父母过世后隐居起来，浪迹江湖，以天为庐，明月为伴，自号烟波钓徒。　◎**博望槎**（chá）：博望，即张骞，因奉使西域有功，封博望侯。相传他曾乘木筏寻找黄河源头。槎，木筏。（唐）杜甫诗："奉使虚随八月槎。"即用此事。　◎**秋实对春华**：春华秋实，古人比喻文采与德行。《颜氏家训》说："夫学者犹种树也，春玩其华，秋登其实。讲论文章，春华也，修身利行，秋实也。"

雷对电，雾对霞。蚁阙对蜂衙。
寄梅对怀橘，酿酒对烹茶。
宜男草，益母花。杨柳对蒹葭。
班姬辞帝辇，蔡琰泣胡笳。
舞榭歌楼千万户，竹篱茅舍两三家。
珊枕半床，月明时梦飞塞外；
银筝一曲，花落处人在天涯。

[注释]

◎ **蜂衙**：即蜂房。 ◎ **寄梅**：南朝宋陆凯同范晔友好，当时范晔在长安，陆凯从江南寄来一枝梅花，并赠诗云："折花逢驿使，寄与陇头人。江南无所有，聊赠一枝春。" ◎ **怀橘**：三国时陆绩非常孝顺，七岁时曾到袁术处作客，见桌上有橘子，就放入自己怀里，想送给母亲。袁术问明原因，非常惊奇，就赠给他很多橘子。 ◎ **宜男草**：即萱草，古人认为孕妇佩之可生男。 ◎ **益母花**：中药名。 ◎ **蒹(jiān)葭(jiā)**：即芦苇。 ◎ **班姬**：汉成帝的妃子，西汉女作家，古代著名才女，善诗赋。汉成帝游后苑，命班婕妤同辇，班婕妤说："古代圣贤之君，都有名臣在旁，只有末代皇帝才亲近女色。"成帝听了很钦佩。 ◎ **蔡琰(yǎn)**：即蔡文姬，蔡邕女，汉末著名才女。早寡，汉末被虏入胡，在南匈奴生活了十二年，后被曹操赎回。传说她曾写了《胡笳十八拍》，历数她的不幸遭遇。 ◎ **珊枕**：即珊瑚枕。

圆对缺。笑语对咨嗟。
沈腰对潘鬓，孟笋对卢茶。
百舌鸟，两头蛇。帝里对仙家。
尧仁敷率土，舜德被流沙。
桥上授书曾纳履，壁间题句已笼纱。
远塞迢迢，露碛风沙何可极；
长沙渺渺，雪涛烟浪信无涯。

[注释]

◎咨（zī）嗟（jiē）：叹息。（唐）李白诗："侧身西望长咨嗟。" ◎沈腰：南朝梁文学家沈约，字休文，体弱多病，腰肢纤弱。 ◎潘鬓：晋代文学家潘岳，由于屡遭不幸，还年轻的时候头发就白了。 ◎孟笋：《二十四孝》记载，三国时孟宗的母亲冬天生病，病中想吃新鲜的竹笋，孟宗找不到笋，就守在竹子旁边大哭，竹子竟然长出了竹笋。 ◎卢茶：唐代诗人卢仝好茶，饮必七碗。 ◎百舌鸟：形容鸟善鸣叫，如有百舌。 ◎敷率土：遍及所有的地方。 ◎流沙：

古人指中国以西极远的地区。　◎**桥上授书曾纳履**：传说张良年轻时曾遇到一位坐在桥上的老人，命他给自己穿鞋，张良恭恭敬敬地做了这件事，老人很高兴，曰孺子可教也，就授予他三卷兵书，并说自己就是黄石公。张良后来凭借兵书成就了一番事业。

疏对密,朴对华。义鹘对慈鸦。鹅群对雁阵,白苎对黄麻。读三到,吟八叉。肃静对喧哗。围棋兼把钓,沉李并浮瓜。羽客片时能煮石,狐禅千劫似蒸沙。党尉粗豪,金帐笼香斟美酒;陶生清逸,银铛融雪啜团茶。

[注释]

◎义鹘(hú):是鹰类鸷禽。杜甫有《义鹘》诗,描写一只鹘杀死白蛇为苍鹰报仇的故事。 ◎慈鸦:古人传说乌鸦是孝鸟,老鸟不能取食时,小鸟能反哺其母,因称慈鸦。 ◎读三到:古人经验,读书要眼到、口到、心到。 ◎吟八叉:唐诗人温庭筠才思敏捷,传说他八叉其手而诗成,因此称之为温八叉。◎沉李并浮瓜:古人消暑,往往置水果于冷水中,故有沉李浮瓜之说。 ◎羽客片时能煮石:羽客,即仙人。道教说仙人能煮白石为饭。 ◎狐禅千劫似蒸沙:佛教说法,狐禅毫无意义,犹如蒸沙土,虽历尽千劫,不能成饭。狐禅,即佛教所说的外道异端。 ◎**党尉粗豪,金帐笼香斟美酒;陶生清逸,银铛融雪啜团茶**:《事文类聚》记载,陶穀(gǔ)得到了党太尉的家姬,有一次煮雪茶的时候,陶穀问:"党家有这样清逸的生活吗?"姬回答说:"他怎么能理解呢,只知道坐在金帐里,粗豪地饮酒唱歌罢了。"

七 阳

台对阁，沼对塘。朝雨对夕阳。
游人对隐士，谢女对秋娘。
三寸舌，九回肠。玉液对琼浆。
秦皇照胆镜，徐肇返魂香。
青萍夜啸芙蓉匣，黄卷时摊薜荔床。
元亨利贞，天地一机成化育；
仁义礼智，圣贤千古立纲常。

[注释]

◎**谢女**：指晋代才女谢道韫，人称咏絮高才。 ◎**秋娘**：即杜秋娘，唐代李锜妾，擅长作诗，其《金缕衣》诗最为有名："劝君莫惜金缕衣，劝君惜取少年时。" ◎**三寸舌**：指能说善辩。史载战国时毛遂以三寸之舌，强于百万之师。 ◎**九回肠**：形容人心情郁闷。司马迁在《报任安书》中曾说他"肠一日而九回"。 ◎**秦皇照胆镜**：传说秦始皇有照胆镜，能透视人的内脏，发现有人胆张心动，就意味着要暗害他，当即杀掉。 ◎**徐肇（zhào）返魂香**：传说徐肇给人一种返魂香，点燃就能让人起死回生。 ◎**青萍**：宝剑名。 ◎**黄卷**：用绢书写的书籍。 ◎**元亨利贞**：是《易经》中的一句卦辞。古人认为它们是天地间的四种品德。

红对白,绿对黄。昼永对更长。
龙飞对凤舞,锦缆对牙樯。
云弁使,雪衣娘。故国对他乡。
雄文能徙鳄,艳曲为求凰。
九日高峰惊落帽,暮春曲水喜流觞。
僧占名山,云绕双林藏古殿;
客栖胜地,风飘万叶响空廊。

[注释]

◎**锦缆**:用锦缎做的缆绳。 ◎**牙樯**:用象牙雕刻的桅杆。 ◎**云弁(biàn)使**:指蜻蜓。 ◎**雪衣娘**:白鹦鹉。 ◎**雄文能徙鳄**:潮州有鳄鱼为害,韩愈做刺史,作《祭鳄鱼文》驱之,传说鳄鱼就迁到了他地。 ◎**艳曲为求凰**:汉代司马相如在筵席上弹奏《凤求凰》的曲子,向卓文君示爱。 ◎**九日高峰惊落帽**:晋代孟嘉九月九日游龙山,群僚毕集,有风将孟嘉帽子吹落,他自己没察觉。孙盛作文嘲笑,他即时作答,四座皆服。 ◎**暮春曲水喜流觞:** 东晋时王羲之等一批名士在农历三月初三,于山阴兰亭水边集会,在上游放置酒杯,顺流而下,酒杯流到谁面前,谁就把杯中酒喝下,同时赋诗,以消除不祥。

衰对壮,弱对强。艳饰对新妆。御龙对司马,破竹对穿杨。读班马,识求羊。水色对山光。仙棋藏绿橘,客枕梦黄粱。池草入诗因有梦,海棠带恨为无香。风起画堂,帘箔影翻青荇沼;月斜金井,辘轳声度碧梧墙。

[注释]

◎**御龙**:姓氏。 ◎**破竹**:比喻做事顺利。 ◎**穿杨**:传说楚将养由基善射,能在百步之外射中柳叶。 ◎**班马**:班固作《汉书》,司马迁作《史记》。 ◎**求羊**:西汉末,蒋诩解官归桂林后,于竹林中开了三条小径,只与求仲、羊仲二位隐士来往,不与其他俗人交往。后来人们把"三径"作为隐士住所的代称。 ◎**仙棋藏绿橘**:神话故事,巴邛(qióng)人家有棵橘树,有一年忽然长了三枚大橘子,剖开来,里面有二位仙翁正在下棋。 ◎**客枕梦黄粱**:即黄粱一梦的故事。少年卢生在旅店遇到仙人吕翁,吕翁让他枕自己的枕头睡觉,于是卢生梦到自己做了大官,穷极富贵,过了一生。醒来,店主人煮的黄粱饭还没有熟。 ◎**池草入诗因有梦**:传说南朝宋诗人谢灵运,一次生病,因梦见族弟谢惠连而得"池塘生春草,园柳变鸣禽"之佳句。 ◎**海棠带恨为无香**:宋代彭渊林说:"吾生平五恨。一恨鱼多骨,二恨橘多酸,三恨菜性淡,四恨海棠无香,五恨曾子固不能诗。"

臣对子,帝对王。日月对风霜。
乌台对紫府,蔀屋对岩廊。
香山社,昼锦堂。雪牖对云房。
芬椒涂内壁,文杏饰高梁。
贫女幸分东壁影,幽人高卧北窗凉。
绣阁探春,丽日半笼青镜色;
水亭醉夏,薰风常透碧筒香。

[注释]

◎乌台:指御史府。　◎紫府:道家称仙人的居所。　◎蔀(bù)屋:茅草屋。　◎香山社:唐代以白居易为首的九人所成立的诗社,因结于香山,故称为香山九老社。　◎昼锦堂:北宋韩琦封魏国公,在故乡修了昼锦堂,官退后居住其中。
◎云房:僧、道或隐者所居之室。　◎芬椒涂内壁:汉代皇后所居宫室,以椒和泥涂内壁,取其香和多子之义,称椒房。
◎文杏饰高梁:用优质杏木雕刻花纹装饰房梁。司马相如《长门赋》:"饰文杏以为梁。"　◎贫女幸分东壁影:齐女穷得买不起蜡烛，夜晚纺织只好到隔壁借光，隔壁的妇人让她不要来了，齐女说："一室之中，多一个人光线也不会暗一点，少一个人光线也不会亮一点，为什么不能让我借一点光呢。"邻妇觉得有理，就留下了她。（唐）李白诗："愿假东壁辉，余光照贫女。" ◎**幽人高卧北窗凉**：此处指陶渊明的典故，他的《与子俨等疏》中说自己夏日卧北窗下，每当凉风吹来，就好像回到了无忧无虑的太古时代一样。幽人：幽居之人。 ◎**碧筒**：用荷叶制成的饮酒杯。

八 庚

形对貌，色对声。夏邑对周京。
江云对渭树，玉磬对银筝。
人老老，我卿卿。晓燕对春莺。
玄霜春玉杵，白露贮金茎。
贾客君山秋弄笛，仙人缑岭夜吹笙。
帝业独兴，尽道汉高能用将；
父书空读，谁言赵括善知兵。

[注释]

◎**人老老**：人老老，即尊敬老人，第一个"老"字作动词用，敬爱的意思。 ◎**我卿卿**：卿是对人的尊称，也是对妻子的昵称。第一个"卿"作动词，亲爱的意思。 ◎**玄霜春玉杵**：指书生裴航用玉杵捣药，娶仙女云英为妻的故事。玄霜，传说中的仙药。 ◎**白露贮金茎**：传说汉武帝好神仙之术，他曾制造了一根巨大的铜柱，上有铜仙人像举着玉盘，承接夜露，据说这种露水和玉屑一同喝可以长生。 ◎**贾客君山秋弄笛**：《博异志》载，有一个商人吕乡筠，有一次泊舟君山附近，遇到仙人吹笛，风浪随着笛声的高低而起落，月光也随着笛声忽明忽暗。 ◎**仙人缑（gōu）岭夜吹笙**：传说周灵王太子晋喜欢吹笙，作《凤凰鸣》，后来他被仙人招去，乘白鹤飞过缑氏山头的时候，特地停下向乡人致谢。 ◎**父书空读，谁言赵括善知兵**：即"纸上谈兵"的典故。赵括是战国时赵国名将赵奢的儿子，熟读兵书，十分自负，但是没有实战经验。赵奢去世，赵王命令赵括代替廉颇为将军，最终大败。（宋）陆游诗："纸上得来终觉浅，绝知此事要躬行。"

功对业,性对情。月上对云行。乘龙对附骥,阆苑对蓬瀛。《春秋》笔,月旦评。东作对西成。隋珠光照乘,和璧价连城。三箭三人唐将勇,一琴一鹤赵公清。汉帝求贤,诏访严滩逢故旧;宋廷优老,年尊洛社重耆英。

[注释]

◎乘龙:指佳婿。传说秦穆公的女儿爱上善于吹箫的箫史,就跟他学起吹箫来。他们在凤台吹箫,引来了凤凰前来倾听,并伴着乐声飞舞。后来箫史乘龙飞去,弄玉也乘凤飞去。后人因称萧史为乘龙快婿。(唐)杜甫诗:"门阑多喜气,女婿喜乘龙。" ◎附骥:附在骏马的尾巴上,比喻攀附他人而成名。 ◎阆(làng)苑:传说中的仙境,在昆仑山上。 ◎蓬(péng)瀛(yíng):即蓬莱山,传说东海中的仙山。 ◎《春秋》笔:指一字之中寓褒贬。孔子的《春秋》语言简短,但含义深远。 ◎月旦评:汉末评论家许劭(shào)喜欢品评人物,人们称之为"月旦评"。 ◎**东作对西成**:

指春耕和秋收。◎**隋珠**：春秋时隋侯在路上救治了一条蛇，后来蛇衔明珠来报偿隋侯，称为隋侯珠。◎**和璧**：和氏璧。◎**三箭三人唐将勇**：唐将薛仁贵东征与九姓突厥交战，三箭毙三人，威震军中。◎**一琴一鹤赵公清**：宋代赵汴任成都太守，不带随从，只带了一琴一鹤，作风十分清廉俭朴。◎**诏访严滩逢故旧**：即汉光武帝刘秀与严光（子陵）的故事。光武帝求贤若渴，知道老朋友严子陵在富春江畔钓鱼，于是派人寻访，载他到朝廷，以礼敬之。◎**宋廷优老，年尊洛社重耆（qí）英**：宋相文彦博，致仕后在洛阳同富弼、司马光等十三人，饮酒赋诗相乐，成立"耆英会"。优老、耆英，德高望重者之称。

昏对旦,晦对明。久雨对新晴。

蓼湾对花港,竹友对梅兄。

黄石叟,丹丘生。犬吠对鸡鸣。

暮山云外断,新水月中平。

半榻清风宜午梦,一犁好雨趁春耕。

王旦登庸,误我十年迟作相;

刘蕡下第,愧他多士早成名。

[注释]

◎晦(huì):昏暗。 ◎蓼(liǎo):水生草本植物。 ◎黄石叟:即汉初张良所遇的仙人黄石公,曾赠给张良兵书。 ◎丹丘生:道教传说中的仙人。丹丘,神话中的神仙之地,昼夜长明。 ◎王旦登庸,误我十年迟作相:《宋史·王旦传》载,宋朝宰相王旦在位十八年,王旦死后,王钦若继任。王钦若对人说:"王旦使我迟了十年作宰相。"登庸:做官。

◎下第:科举考试不中,或叫"不第"。

九 青

庚对甲,巳对丁。魏阙对彤庭。梅妻对鹤子,珠箔对银屏。鸳浴沼,鹭飞汀。鸿雁对鹡鸰。人间寿者相,天上老人星。八月好修攀桂斧,三春须系护花铃。江阁秋登,一水净连天际碧;石栏晓倚,群山秀向雨余青。

[注释]

◎**魏阙**:魏同"巍",魏阙,高大的城阙。 ◎**彤庭**:指帝王宫殿。杜甫诗:"彤庭所分帛,本自寒女出。" ◎**梅妻对鹤子**:宋代林逋(bū)隐居杭州西湖孤山,终生不娶,以梅、鹤自娱。人称其"梅妻鹤子"。 ◎**珠箔(bó)对银屏**:箔是帘子,珠箔是珠子串起来的帘子。屏是屏风,银屏是镶银的屏风。(唐)白居易《长恨歌》:"珠箔银屏迤逦开。" ◎**鹡(jí)鸰(líng)**:鸟名,生活在水边,食小虫,喜欢群飞。 ◎**人间寿者相,天上老人星**:旧时迷信,讲论骨相。寿者相,长寿人的相貌。《史记·天官书》载天上有南极老人星,主寿。 ◎**八月好修攀桂斧**:神话传说,汉人吴刚因学仙有过,

罚他砍月中桂树,桂树高五百尺,砍后伤口复合,所以吴刚要永远砍下去。旧时以科举登第为攀桂,考试一般定在八月,称"秋闱"。 ◎**三春须系护花铃**:阳春三月要拴好保护花的响铃。护花铃,明代宁王爱花,曾经做护花铃,蜂、鸟至则牵铃惊之。

危对乱，泰对宁。纳陛对趋庭。
金盘对玉箸，泛梗对浮萍。
群玉圃，众芳亭。旧典对新型。
骑牛闲读史，牧豕自横经。
秋首田中禾颖重，春余园内菜花馨。
旅次凄凉，塞月江风皆惨淡；
筵前欢笑，燕歌赵舞独娉婷。

[注释]

◎**纳陛对趋庭**：纳陛，原意是深入殿堂的台阶，这里是登上台阶的意思。趋庭，指快步走过庭院，亦指承受父教。《论语》记载，孔子的儿子孔鲤，一次趋庭而过，被孔子叫住，问他学诗学礼的情况。 ◎**泛梗对浮萍**：浮动在水面的树梗和萍草，比喻飘荡无主。 ◎**群玉圃（pǔ）**：传说仙人西王母居住在群玉山的瑶圃。 ◎**骑牛闲读史**：隋末李密好学，常常将《汉书》的书卷挂在牛角之上，骑牛时读书。 ◎**牧豕（shǐ）自横经**：汉代公孙弘年轻时很穷，给人放猪时，常带经书阅读，终于五十岁后官至丞相。　◎**秋首田中禾颖重，春余园内菜花馨**：这两句是春秋田园景色。秋首指初秋时节，颖指禾的末端。春余指春末，正是油菜花盛开的时节。馨指散布很远的香气。◎**旅次**：旅途中的寓所。　◎**燕歌赵舞独娉（pīng）婷（tíng）**：古代燕、赵女子善歌舞。娉婷，舞姿悠美的样子。

十 蒸

蘋对蓼，茜对菱。雁弋对鱼罾。
齐纨对鲁缟，蜀锦对吴绫。
星渐没，日初升。九聘对三征。
萧何曾作吏，贾岛昔为僧。
贤人视履循规矩，大斧挥斤按准绳。
野渡春风，人喜乘潮移酒舫；
江天暮雨，客愁隔岸对渔灯。

[注释]

◎**蘋（pín）对蓼（liǎo），茜（qiàn）对菱（líng）**：蘋、蓼、茜、菱，都是水生植物。 ◎**弋（yì）**：一种尾端带绳子的箭，用来射鸟。 ◎**罾（zēng）**：一种用竹竿或木棍做的方形鱼网。 ◎**齐纨（wán）对鲁缟（gǎo），蜀锦对吴绫**：纨、缟、锦、绫都是名贵的丝织品。纨，细绢；缟，未经练染的本色精细织物；锦，有彩色花纹的丝织品；绫，薄而光滑的丝织品。齐、鲁、蜀、吴是上述四种织品的产地。 ◎**九聘对三征**：聘和征都是王朝或官府聘请的意思。九聘，多次聘请。三征，朝廷三次征召。《后汉书·杨伦传》："伦前后三征，皆以直谏不合。" ◎**萧何曾作吏**：史载

汉朝丞相萧何曾做沛郡的主吏掾,是管人事的小官。　◎**贾岛昔为僧**:唐代诗人贾岛曾出家为僧,法名无本。韩愈欣赏他的诗才,让他还俗,劝他读书,后来贾岛考取了进士,官至长江主簿。　◎**大匠挥斤按准绳**:《庄子》中的一则寓言说,郢(yīng)人在鼻尖上涂一点白土,一位石匠把斧子抡得呼呼响,一下子就把泥点砍掉了,鼻子丝毫无损。大匠,技术高超的匠人。斤,斧子的一种。　◎**酒舫**:载酒或卖酒的船。

谈对吐，谓对称。冉闵对颜曾。
侯嬴对伯嚭，祖逖对孙登。
抛白纻，宴红绫。胜友对良朋。
争名如逐鹿，谋利似趋蝇。
仁杰姨惭周不仕，王陵母识汉方兴。
句写穷愁，浣花寄迹传工部；
诗吟变乱，凝碧伤心叹右丞。

[注释]

◎**冉闵对颜曾**：冉有、闵子骞（qiān）、颜渊、曾参都是孔子的高足。 ◎**侯嬴（yíng）**：侯嬴，战国时魏人，曾窃取虎符救赵，献计于信陵君。嬴，姓。 ◎**伯嚭（pǐ）**：即太宰嚭，春秋时楚国伯州犁之孙，吴国奸臣。他曾受越王贿赂，劝吴王同越讲和。勾践灭吴后，认为伯嚭对其主不忠，杀之。 ◎**祖逖（tì）**：东晋时爱国将领。 ◎**孙登**：东汉初农民起义领袖。 ◎**宴红绫**：唐僖宗曾与新科进士宴于曲江，命御厨做用红绫裹着的饼子，分赐给士人。◎**逐鹿**：逐鹿中原，原指在战场上争夺政权。后来又有"未知鹿死谁手"的话，比喻胜负难定，这里即用此意。《史记·淮阴侯列传》载："秦失其鹿，天下共逐之。" ◎**趋蝇**：追赶苍蝇。古有"蝇头微利"的说法，"趋蝇"是说十分不值得。◎**仁杰姨惭周不仕**：唐代狄仁杰曾为武则天的宰相，他姨妈灵氏有子，狄仁杰想让其做官，他姨妈以后周为耻，就说："我只有这一个儿子，不愿让他侍奉武则天。" ◎**王陵母识汉方兴**：西汉王陵追随刘邦时，他的母亲在项羽势力范围内，

母亲知道刘邦一定能兴盛起来,就嘱咐儿子好好干。项羽要她叫王陵来辅佐自己,她于是自刎而死。之后王陵被汉高祖刘邦封为安国侯,得到重用。 ◎**句写穷愁,浣花奇迹传工部**:这是写杜甫的事。杜拾遗曾为工部员外郎,后人称之为杜工部。晚年流落蜀中,住在成都西郊浣花溪旁的浣花村草堂。 ◎**诗吟变乱,凝碧伤心叹右丞**:这是写王维的事。王维官至右丞相,后人称之为王右丞。安史之乱身陷贼窝,王维被迫任给事中。传说安禄山宴于凝碧宫,令乐人作乐,王维闻而伤之,作七绝一首云:"万户伤心生野烟,百官何日再朝天。秋槐花落空宫里,凝碧池头奏管弦。"

十一 尤

荣对辱，喜对忧。缱绻对绸缪。

吴娃对越女，野马对沙鸥。

茶解渴，酒消愁。白眼对苍头。

马迁修《史记》，孔子作《春秋》。

莘野耕夫闲举耜，磻溪渔父晚垂钩。

龙马游河，羲圣因图而画卦；

神龟出洛，禹王取法以明畴。

[注释]

◎**缱绻对绸（chóu）缪（móu）**：缱绻，纠缠萦绕；绸缪，紧密缠缚。二者都可形容缠绵的男女恋情。 ◎**吴娃对越女**：吴越两地自古出产美女。娃，少女。 ◎**白眼**：三国魏末阮籍能作青、白眼看人，以表示对他人的好恶。 ◎**苍头**：以青巾裹头的士卒。 ◎**莘（shēn）野耕夫闲举耜（sì）**：伊尹原是商朝有莘国的奴隶，一介耕夫，但他自幼聪慧，勤学上进，喜欢研究尧舜之道。他不仅掌握了烹调技术，还懂得治国之道。后来伊尹做了商汤的丞相，辅佐商汤成就伟业。耜，古代起土的农器，即手犁。 ◎**磻（pán）溪渔父晚垂钓**：指姜子牙的典故，见前文注解。

冠对履，舃对裘。院小对庭幽。
面墙对膝地，错智对良筹。
孤嶂耸，大江流。芳泽对园丘。
花潭来越唱，柳屿起吴讴。
莺懒燕忙三月雨，蛰摧蝉退一天秋。
钟子听琴，荒径入林山寂寂；
谪仙捉月，洪涛接岸水悠悠。

［注释］

◎舃（xì）：泛指鞋，也指一种重木底鞋，即在鞋下加木板，防止潮湿泥泞，多为帝王大臣所用。 ◎错智：西汉晁（cháo）错多智，人称智囊。 ◎良筹：汉初张良借筷子筹划政事，为刘邦重要谋臣。 ◎花潭来越唱，柳屿起吴讴：潭是深水池，屿是小岛，花潭柳屿即为花草树木繁茂之地。讴是歌唱，越唱吴讴即吴越两地的民风歌曲。 ◎钟子：即钟子期。 ◎谪仙捉月：传说唐代李白在采石矶，醉后下江捉月而溺死。谪，封建时代特指贬官。

鱼对鸟,鸽对鸠。翠馆对红楼。
七贤对三友,爱日对悲秋。
虎类狗,蚁如牛。列辟对诸侯。
陈唱临春乐,隋歌清夜游。
空中事业麒麟阁,地下文章鹦鹉洲。
旷野平原,猎士马蹄轻似箭;
斜风细雨,牧童牛背稳如舟。

[注释]

◎**翠馆对红楼**:翠馆即青楼,妓院,也指佳人的住处。红楼也可指青楼,也指富贵人家女子的住房。 ◎**七贤**:即竹林七贤。 ◎**三友**:指松、竹、梅,合称"岁寒三友"。 ◎**爱日**:珍惜时日。 ◎**悲秋**:看到秋天草木凋零而伤悲。 ◎**虎类狗**:即画老虎不成却像狗,比喻弄巧成拙,不伦不类。 ◎**蚁如牛**:晋朝殷浩患耳疾,能听见床下蚂蚁爬动的声音,并以为是两牛相斗之声。 ◎**列辟(bì)**:即列国君主。 ◎**陈唱临春乐,隋歌清夜游**:《临春乐》《清夜游》为南朝陈后主陈叔宝、隋朝隋炀帝杨坚两位亡国之君耽于淫乐之时所作的教美人传唱的两支曲子。　◎**空中事业麒麟阁：**汉宣帝刘询曾将十一位有功之臣的画像绘于麒麟阁，以示纪念和表扬，史称麒麟阁十一功臣。◎**地下文章鹦鹉洲：**地下文章，指人死后的传世之作。相传东汉祢（mí）衡曾作《鹦鹉赋》，江夏太守黄祖忌恨其才，将他杀死。鹦鹉洲，在今湖北省武汉市长江之中。

十二 侵

歌对曲,啸对吟。往古对来今。
山头对水面,远浦对遥岑。
勤三上,惜寸阴。茂树对平林。
卞和三献玉,杨震四知金。
青皇风暖催芳草,白帝城高急暮砧。
绣虎雕龙,才子窗前挥彩笔;
描鸾刺凤,佳人帘下度金针。

[注释]

◎浦(pǔ):水边或河流入海的地区。 ◎岑:小而高的山。 ◎勤三上:指抓紧时间读书,三上为马上、枕上、厕上。
◎惜寸阴:珍惜时间做事,寸阴是日影移动一寸的时间,指极短的时间。 ◎卞(biàn)和三献玉:相传春秋时楚人卞和发现了一块玉石,先后献给楚国厉王和武王,都被认为是欺诈,还被截去了双脚。等到楚文王时,这块玉石终于得到了赏识,并被琢磨成了宝玉,即和氏璧。 ◎杨震四知金:东汉杨震做荆州刺史时,有人向他行贿黄金十斤,并说:"夜深人静,没人知道。"而杨震却说:"天知,神知,我知,子知,何为无知?"后人因此称杨震为"四知先生",

用此事形容为官清廉。 ◎**青皇风暖吹芳草**：即春暖花开。青皇即青帝，是位于东方的司春之神及百花之神，此处代指春天。 ◎**白帝城高急暮砧**：杜甫《秋兴八首》中的原句，抒发了自伤漂泊、思念故园的心情。急暮砧，黄昏时急促的捣衣声。 ◎**绣虎**：指三国曹植，"绣"说他文采华美，"虎"形容他诗文风骨遒劲。 ◎**雕龙**：指南朝梁刘勰，著有《文心雕龙》。 ◎**度金针**：传授刺绣的针法，比喻将高明的技艺、秘诀授与他人。金代元好问《论诗》写道："鸳鸯绣了从教看，莫把金针度与人。"

[注释]

◎**耻三战：** 传说春秋时鲁国将军曹沫与齐国三次交战都吃了败仗。后来曹沫在齐鲁盟会上劫持齐桓公，逼迫齐国归还三战中失去的土地。 ◎**乐七擒：** 诸葛亮南征时对叛军首领孟获七擒七纵，最终使其受到感化而诚心归顺，此后南方多年都没有出现过大的叛乱。 ◎**顾曲：** 周瑜精通音乐，即使酒过三巡，演奏者弹错了曲子周瑜也能听出来，而且总会回头看演奏者一眼，因此当时就有"曲有误，周郎顾"的说法，后来周郎顾曲成了精于音乐者善辨音律的典故。 ◎**槛槛**（jiàn）：车行的声音。 ◎**骎骎**（qīn）：形容马跑得很快。 ◎**紫电青虹：** 紫电是宝剑名，是三国孙权的六柄宝剑之一（白虹、紫电、辟邪、流星、青冥、百里）；青虹是曹操的一把宝剑。紫电青虹指代宝剑。 ◎**屈子怀君：** 指屈原的故事。他被放逐后仍然怀念楚王。

登对眺,涉对临。瑞雪对甘霖。
主欢对民乐,交浅对言深。
耻三战,乐七擒。顾曲对知音。
大车行槛槛,驷马骤骎骎。
紫电青虹腾剑气,高山流水识琴心。
屈子怀君,极浦吟风悲泽畔;
王郎忆友,扁舟卧雪访山阴。

十三 覃

宫对阙，座对龛。水北对天南。
蜃楼对蚁郡，伟论对高谈。
遴杞梓，树梗楠。得一对函三。
八宝珊瑚枕，双珠玳瑁簪。
萧王待士心惟赤，卢相欺君面独蓝。
贾岛诗狂，手拟敲门行处想；
张颠草圣，头能濡墨写时酣。

[注释]

◎龛（kān）：供奉佛像、神位等的小阁子。 ◎蜃楼：即海市蜃楼，比喻虚无缥缈而不实际存在的事物。传说苏东坡在登州做官时，写文章投入海里，到了冬天，海上竟出现了海市蜃楼。 ◎蚁郡：唐传奇《南柯太守传》中有一则故事，汉代书生淳于棼（fén）做了一个梦，梦见自己到了大槐树下的蚂蚁国，被招为驸马，还被封为南柯郡守，醒来后发现自己睡在大槐树下的蚂蚁窝边。 ◎遴（lín）杞（qǐ）梓（zǐ），树梗（pián）楠：比喻培养和选拔优秀人才。遴是谨慎地选择，树是种植，杞、梓、梗、楠都是优良的树种。 ◎得一对函三：一、三都是哲学概念，形容内容广泛

且复杂，如"太极元气，函三为一（天、地、人三气合成本元为一）"。◎**萧王待士心惟赤**：东汉光武帝刘秀起初被封为萧王，他待人宽厚，很多人甘于为他效力。◎**卢相欺君面独蓝**：卢相是唐德宗时的奸相卢杞，传说他面色发蓝，用心险恶，人称"蓝面鬼"。◎**贾岛诗狂，手拟敲门行处想**：贾岛赴举至京，骑驴赋诗，得"僧推月下门"之句，欲改"推"作"敲"，引手作推敲之势。◎**张颠**：张颠即张旭，唐代书法家，以草书成就最高，被世人称为"草圣"。张旭常常饮酒大醉后呼叫狂走，落笔成书则变化无穷，如有神助，甚至能用头发蘸墨来书写，因此得了"张颠"的称号。

闻对见,解对谙。三橘对双柑。
黄童对白叟,静女对奇男。
秋七七,径三三。海色对山岚。
鸾声何哕哕,虎视正眈眈。
仪封疆吏知尼父,函谷关人识老聃。
江相归池,止水自盟真是止;
吴公作宰,贪泉虽饮亦何贪?

[注释]

◎谙（ān）：熟悉。 ◎双柑：南朝宋人戴颙（yóng）在春天带两只蜜桔和一斗酒到林中听鸟儿唱歌。 ◎黄童对白叟：孩子和老人,小孩的头发偏黄,人上了年纪后头发会变白。 ◎静女对奇男：静女,仪态端方的少女；奇男,奇异不凡的男子。 ◎秋七七：传说古代术士殷七七能击掌作幻术。此七七代指杜鹃花。 ◎径三三：南宋诗人杨万里卸任退休后,在家中小园内开辟了九条小路,分别种植江梅、海棠、桃、李、橘、杏、红梅、碧桃、芙蓉九种花木,并命名为三三径。 ◎山岚：山间的雾气。 ◎鸾（luán）声何哕哕（huì）：鸾指车上的金铃,鸾声即铃声,哕哕是有节奏的铃声。 ◎仪封疆吏知尼父：仪封,地名,在今河南兰考县；尼父,即孔子,孔子名丘,字仲尼；父

是古代对男子的尊称。当年孔子经过仪封,广施教化,仪封人称赞孔子是上天派来启发民智的圣人。 ◎**函谷关人识老聃(dān)**:函谷关人即守关的关令尹喜;老聃即老子。春秋末年,尹喜看见紫气东来,便推测是老子来函谷关了。 ◎**江相归池,止水自盟真是止**:南宋名臣江万里因年老多病而退隐饶州,元军攻破襄樊时,江万里在山后凿一池,题名为"止水",寓意生命将止于此。后来他率军抵抗元军,兵败城破后投池而死。 ◎**吴公作宰,贪泉虽饮亦何贪**:吴公是东晋著名廉吏吴隐之;贪泉是广州附近的一处泉水,传说人饮其水后就会变得贪婪。吴隐之调任广州刺史,听说贪泉之事后便故意饮用了贪泉之水,但他并没有变贪,反而更加廉洁,百姓也更拥戴他。

十四 盐

宽对猛,冷对炎。清直对尊严。
云头对雨脚,鹤发对龙髯。
风台谏,肃堂廉。保泰对鸣谦。
五湖归范蠡,三径隐陶潜。
一剑成功堪佩印,百钱满卦便垂帘。
浊酒停杯,容我半酣愁际饮;
好花傍座,看他微笑悟时拈。

[注释]

◎鹤发对龙髯(rán):鹤发即老人的白发,多用来形容高寿。龙髯即龙须,对老人胡须的美称。 ◎风台谏:负责讽谏的官吏。风同"讽",劝谏;台谏,朝廷中掌管监察、弹劾的言官的统称。 ◎肃堂廉:官堂上庄严整肃。堂廉指代朝廷,肃即严正,庄重。 ◎保泰:保持安泰。 ◎鸣谦:因谦和而著称。 ◎范蠡(lǐ):字少伯,越国大夫。传说他辅佐越王勾践破吴,成功后,载西施隐入五湖。 ◎三径隐陶潜:指陶渊明隐居田园的故事。三径指归隐者的家园。
◎一剑成功堪佩印:战国时有名的纵横家苏秦曾背负一剑,说服六国连横抗秦,后为纵约长,佩六国相印。 ◎**百钱满**

卦便垂帘：西汉道家学者严君平隐居成都期间靠算卦为生，每天赚得百钱足以自养后便闭肆下帘，不再多算。 ◎**浊酒停杯，容我半酣愁际饮**：杜甫一向好酒，晚年漂泊穷困之际只能买浊酒消愁，但后来因体弱多病，连浊酒也不能喝了。《登高》诗完成后三年，杜甫从长沙前往岳阳时，孤独地病死在一条破旧的小船上。◎**好花傍座，看他微笑悟时拈**：即禅宗起源的"拈花微笑"和"衣钵真传"。释迦佛拈花示众，独迦叶一人微笑，世尊乃付以正法。

山齋圖

靜得一舍利者畫略為之庚申空盛舍利子王三店盖失亭而唐考耀三年開業寺釋考信舍利函等字有數百撐整完好神似諸仰南乃見著錄之名品此因名其齋雲作出戊寅齋讀畫并識茇卿先生束圖之謔

连对断，减对添。淡泊对安恬。
回头对极目，水底对山尖。
腰袅袅，手纤纤。凤卜对鸾占。
开田多种粟，煮海尽成盐。
居同九世张公艺，恩给千人范仲淹。
箫弄凤来，秦女有缘能跨羽；
鼎成龙去，轩臣无计得攀髯。

[注释]

◎**凤卜对鸾占**：都是占卜男女婚姻。 ◎**张公艺**：张公艺是我国历史上治家有方的典范，他生于北齐，经历了北周、隋、唐四代，活了九十九岁，九世同堂而居。唐高宗问其长寿秘诀，他写了一百多个"忍"字呈上。 ◎**范仲淹**：范仲淹是北宋著名政治家、思想家、军事家和文学家。他做官时广施恩惠，出资养育族中贫困者。 ◎**箫弄凤来，秦女有缘能跨羽**：指萧史弄玉的典故，见前文注解。 ◎**鼎成龙去，轩臣无计得攀髯**（rán）：传说黄帝曾铸鼎于荆山下，鼎铸成后，有龙下迎，黄帝乘龙升天，群臣后宫从上者七十多人。小臣不得上龙身，于是便想拽着龙髯上天，结果龙髯被拔落，群臣随着黄帝的弓坠下。后用来形容追随皇帝或哀悼皇帝去世。

人对己,爱对嫌。举止对观瞻。
四知对三语,义正对辞严。
勤雪案,课风檐。漏箭对书笺。
文繁归獭祭,体艳别香奁。
昨夜题梅更一字,早春来燕卷重帘。
诗以史名,愁里悲歌怀杜甫;
笔经人索,梦中显晦老江淹。

[注释]

◎**三语**:晋代司徒王戎向阮瞻询问老子、孔子学问的异同,他只回答"将无同"(恐怕相同)三字,就被王戎任命为掾(yuàn)吏,于是人称阮瞻为"三语掾",掾是官署属员(官府里的办事员)。 ◎**勤雪案,课风檐**:在飘满雪花的桌子上勤奋学习,在寒风呼啸的屋檐下用功读书,泛指学习条件艰苦。案,书桌。 ◎**文繁归獭(tǎ)祭**:水獭贪食,往往多捕鱼放在滩涂备食,如同祭祀。后比喻写文章堆砌辞藻、典故。 ◎**体艳别香奁(lián)**:奁是古代盛梳妆用品的匣子。香奁即香奁体，又称为艳体，是以唐代韩偓(wò)、宋代严羽、叶茵为代表的一种诗风，多写男女之情，多脂粉气。 ◎**昨夜题梅更一字**：唐朝僧人齐己作《早梅》诗，原为"前村深雪里，昨夜数枝开。"但郑谷将其改为"昨夜一枝"，齐己甚为佩服，称郑谷为"一字师"。

十五 咸

栽对植，薙对芟。二伯对三监。
朝臣对国老，职事对官衔。
鹿麌麌，兔毚毚。启牍对开缄。
绿杨莺睍睆，红杏燕呢喃。
半篱白酒娱陶令，一枕黄粱度吕岩。
九夏炎飙，长日风亭留客骑；
三冬寒冽，漫天雪浪驻征帆。

[注释]

◎**薙（tì）对芟（shān）**：都是去除、割草的意思。 ◎**二伯对三监**：二伯是周初两位重臣周公和召伯。三监是武王伐纣后为监管殷商遗民而采取的措施，让管叔、蔡叔、霍叔来安抚殷民、监视武庚，总称为三监。 ◎**鹿麌麌（yǔ），兔毚毚（chán）**：麌麌，众多，鹿麌麌即成群的鹿。毚，狡猾，毚兔即狡兔。 ◎**启牍（dú）对开缄（jiān）**：牍是古代写字用的木片，可指代公文、书信。缄是捆东西的绳索，也可指代书信。 ◎**睍（xiàn）睆（huǎn）**：形容鸟色美好或鸟声清和宛转。 ◎**呢（ní）喃（nán）**：形容燕子的叫声，也指小声说话或女孩子撒娇的声音。 ◎**九夏炎飙，长日风亭留客骑；三冬寒冽，漫天雪浪驻征帆**：不同时节对人出行的影响。九夏即夏日，飙是暴风，炎飙即夏日的热风，白日当头留在亭中乘风纳凉。三冬即冬天，天气寒冷又加漫天大雪使得行路（出征）受阻。

梧对竹,柏对杉。《夏》《濩》对《韶》《咸》。洞瀍对溱洧,巩洛对崤函。藏书洞,避诏岩。脱俗对超凡。贤人羞献媚,正士嫉工谗。霸越谋臣推少伯,佐唐藩将重浑瑊。邺下狂生,羯鼓三挝羞锦袄;江州司马,琵琶一曲湿青衫。

[注释]

◎《夏》《濩(hù)》对《韶(sháo)》《咸》:夏、濩、韶、咸,都是古乐曲名。 ◎洞瀍(chán)对溱(zhēn)洧wěi),巩洛对崤(xiáo)函:洞、瀍、溱、洧是古代四条河流,都位于河南省境内。巩、洛、崤、函与之相对,可理解为古代河南境内的山丘,也可理解为巩洛和崤函两处有山的地区。 ◎藏书洞:即二酉(yǒu)藏书洞,在湖南沅(yuán)陵小酉山石穴中,相传有秦人藏书千卷于此。 ◎避诏岩:相传为汉初"商山四皓"隐居的地方。 ◎工逸:擅长毁谤。 ◎少伯:范蠡。 ◎浑瑊(jiān):浑瑊是唐朝中兴名将,跟随郭子仪元帅屡立战功,是平定"安史之乱"

的重将。　◎邺下狂生，羯（jié）鼓三挝（zhuā）羞锦袄：三国时的祢衡，生性狂放不羁，因为触犯曹操，被罚在邺下做敲鼓官。有一次曹操想羞辱他，就在群臣的宴会上让祢衡敲鼓助兴，他就光着身子敲击《渔阳三挝》，反而当众羞辱了穿着锦袄的曹操。◎江州司马，琵琶一曲湿青衫：唐朝诗人白居易被贬为江州司马的第二年，他在江边送别友人时偶遇琵琶女，创作出了传世名篇《琵琶行》。

袍对笏，履对衫。匹马对孤帆。
琢磨对雕镂，刻划对镌镵。
星北拱，日西衔。卮漏对鼎馋。
江边生杜若，海外树都咸。
但得恢恢存利刃，何须咄咄达空函。
彩凤知音，乐典后夔须九奏；
金人守口，圣如尼父亦三缄。

[注释]

◎笏（hù）：笏，古代大臣朝见君主时所执的手板。 ◎镌（juān）镵（chán）：镌，雕刻；镵，刺、凿。 ◎星北拱：即北辰星拱，拱是环绕。北极星高悬不动，群星四面环绕，比喻受众人拥戴的人，或比喻治理国家施行德政，天下便会归附。 ◎日西衔：夕阳西下或日薄西山，太阳快要落山了，比喻人到老年或事物走向衰败。 ◎卮（zhī）：古代一种圆形的酒器。 ◎杜若：一种芳香草本植物。 ◎都咸：一种类似李子的果木。 ◎但得恢恢存利刃：即庖丁解牛"恢恢乎其于游刃必有余地矣"，恢恢是宽阔广大，庖丁解牛十九年，对牛的构造十分了解，技术也非常纯熟，当他全神

贯注运刀时，狭小的牛骨节间隙相对于薄薄的刃片来说却是十分的宽绰而有余地。 ◎何须咄咄达空函：《世说新语》中有一则故事，晋代殷浩升任朝廷要职后，写信答谢当初举荐他的恒温，因为过于兴奋，错寄出了一份空函。后来殷浩因故被免职，大受刺激，整天写"咄咄怪事"四字。 ◎乐典后夔（kuí）须九奏：传说舜帝时掌管音乐的官员后夔奏九支乐曲，能使凤凰前来。◎三缄：三缄其口。孔子参观周朝太庙时，看到右侧台阶前立着一个铜人，铜人的嘴上贴了三道封条，背面又刻有铭文告诫人们讲话慎重小心，孔子读完后觉得很有道理，便让弟子们遵照执行。

笠翁对韵
Li Weng Dui Yun

作者
（清）李渔

总策划
朱家君

选题策划
马 飞

执行策划
马 飞

流程编辑
马 飞　陈斯诺

封面设计
汪芝灵

设计总监
李 婕

宣传营销
蒋 惊

运营发行
常蓦尘

出版社
长江出版社

总出品
漫娱文化

平台支持

图书在版编目（CIP）数据

笠翁对韵/（清）李渔 著；齐白石 绘.
—武汉：长江出版社，2017.10
ISBN 978-7-5492-5409-5

Ⅰ．①笠… Ⅱ．①李…②齐… Ⅲ．①诗词格律–中国–启蒙读物 Ⅳ．
① H194.1 ② I207.21

中国版本图书馆 CIP 数据核字（2017）第 259126 号

本书由天津漫娱文化传播有限公司正式授权长江出版社，在中国大陆地区独家出版中文简体版本，并取得其他衍生授权。未经书面同意，不得以任何形式转载和使用。

笠翁对韵 / 李渔 著；齐白石 绘.

出　　版	长江出版社
	（武汉市解放大道 1863 号　邮政编码：430010）
出　　品	漫娱文化
	（湖北省武汉市积玉桥万达写字楼 11 号楼 19 层　邮政编码：430060）
出 版 人	赵　冕
选题策划	漫娱文化图书
市场发行	长江出版社发行部
网　　址	http://www.cjpress.com.cn
责任编辑	朱　舒
特约编辑	马　飞
装帧设计	汪芝灵
印　　刷	湖北新华印务有限公司
版　　次	2017 年 10 月第 1 版
印　　次	2018 年 5 月第 2 次印刷
开　　本	710mm×1120mm　1/24
印　　张	8.25
字　　数	200 千字
书　　号	ISBN 978-7-5492-5409-5
定　　价	69.00 元

版权所有，翻版必究。如有质量问题，请联系本社退换。
电话：027-82926557(总编室)　027-82926806（市场营销部）